»wien war schön, wien ist schön, ich kann es sehn.« *Ernst Jandl*

Susanne Schaber zeigt uns die prächtigen Straßen und die verwinkelten Gäßchen dieser Stadt. Begleitet werden wir von zahlreichen bekannten Autoren: von Arthur Schnitzler, Robert Musil über Ingeborg Bachmann, Thomas Bernhard und Ilse Aichinger bis zu Friederike Mayröcker, Ernst Jandl und Elfriede Jelinek u. v. a.

Die Spaziergänge folgen den Lebensadern der Stadt, führen durch das Herz Wiens, das alte Viertel um den Stephansdom, über die Hofburg zum Burgtheater, durch die Leopoldstadt und den Prater, in die Josefstadt, nach Schloß Schönbrunn und in den Wienerwald, über den Zentralfriedhof und entlang der Donau.

Ungarn, Tschechien und die Slowakei liegen nah; seit jeher prallen verschiedene Sprachen und Kulturen in Wien aufeinander, um sich dann doch zu umfangen. Wien ist eine Stadt, die sich immer wieder neu zu erfinden und definieren sucht, den vielen Klischees und festgefahrenen Bildern zum Trotz.

Den vorliegenden Band kann man zu Hause lesen oder unterwegs – um aus Dichters Mund zu vernehmen, wie Wien klingt: wild und zärtlich, leidenschaftlich, wütend und versöhnlich – und aufregend allemal.

Susanne Schaber, geb. 1961 in Innsbruck, hat Germanistik und Anglistik studiert, als Dramaturgin und Lektorin gearbeitet und lebt heute als Literaturkritikerin und Autorin in Wien.

insel taschenbuch 3278

Wien

WIEN

EIN REISEBEGLEITER

Von Susanne Schaber

Mit farbigen Fotografien

Insel Verlag

insel taschenbuch 3278
Erste Auflage 2007

Textnachweise am Schluß des Bandes
Vertrieb durch den Suhrkamp Taschenbuch Verlag
Umschlag: Michael Hagemann
Satz: Hümmer GmbH, Waldbüttelbrunn
Druck: Druckhaus Nomos, Sinzheim
Printed in Germany
ISBN 978-3-458-34978-5

1 2 3 4 5 6 – 12 11 10 09 08 07

Inhalt

An der Peripherie

Landpartien

Schön alt und schön neu: Wien

»wien war schön, wien ist schön, ich kann es sehn. ich seh es. mein
aug und mein aug sieht es. wien war schön und ist schön. viel ist
zu sehn in wien. viel in wien ist zu sehn. was nicht zu sehn ist, ist nicht
zu sehn. was nicht zu sehn war und jetzt zu sehn ist, das ist neu.
viel ist neu. viel ist alt. mehr ist alt als neu. schön alt und schön neu,
ich bleib dir treu, du stadt wien.«

Ernst Jandl, war einst weg und bin jetzt hier

Wien war schön, Wien ist schön. Ernst Jandl wird es schon wissen. Viel zu sehen gibt's allemal, auch darin mag man ihm recht geben. Viel zu sehen auch für den, der aufbricht, die literarischen Landschaften der Stadt zu erkunden und Schritt für Schritt durchs Damals und Heute zu flanieren.

»Es ging einer spazieren. Er hätte in die Eisenbahn steigen und in die Ferne reisen können, doch er wollte nur in die Nähe wandern. Das Nahe kam ihm bedeutender vor als das bedeutende und wichtige Ferne. Demnach also kam ihm das Unbedeutende bedeutend vor.« Robert Walsers Sätze könnten als Programm für dieses Buch durchgehen. Es schlendert durch die prächtigen Straßen der Stadt, um dann in verwinkelte Gassen abzubiegen und sich den Geheimnissen der Um- und Seitenwege auf die Spur zu setzen. Und so finden sich in diesem Band bekannte Autoren direkt neben jenen, die es zu entdecken oder besser kennenzulernen gilt.

Mehr als 3000 Wiener Literaturgedenkstätten listet eine Publikation auf, die Häuser und Wohnungen der Dichter zu katalogisieren trachtet. »Hier lebte & leibte / leste & schreibte / aß & trank / saß & sang«, philosophiert Peter

Henisch über die *Kurze Gedenktafel*, hier »liebte & lachte / weinte & dachte / bei Tag & bei Nachte / einige kurze Jahre lang / & dann nimmermehr / der / –.« Unmöglich, der Unzahl an Tafeln und Hinweisschildern zu folgen. Der vorliegende Band macht sich von derlei Vorgaben ohnehin frei. Allein die Texte werden zu Wegmarken. Auf diese Weise entsteht ein Bild von Wien, das nicht nur die unterschiedlichsten Gegenden porträtiert, sondern Wesen und Atmosphäre der Donaumetropole einfängt.

Die Wege durch die Literatur folgen den Lebensadern der Stadt. Das Herz Wiens, das alte Viertel um den Stephansdom, wird umschlossen von einem breiten Boulevard, dem Ring. Ein Stück weiter draußen liegt der Gürtel, auch er eine markante Linie auf Karten und Plänen. Die Donau nicht zu vergessen: Sie durchschneidet das Häusermeer, ist Ankerpunkt und Ort des Aufbruchs. Inner- und außerhalb von Ring und Gürtel sowie dies- und jenseits der Donau gruppieren sich die dreiundzwanzig Bezirke von Wien, die erst im Laufe der Jahrhunderte zu einem großen Ganzen zusammengewachsen sind. Der Blick über die Stadtgrenzen hinaus hält Versprechen bereit: der Wienerwald, die sanften Hügel des Voralpenlands, die Weite der pannonischen Steppe.

Ungarn, Tschechien und die Slowakei sind nah, die Geschichte reicht mitten in die Gegenwart. Seit jeher prallen Sprachen und Kulturen hart aufeinander, um sich dann doch zu umfangen. Wien ist eine Stadt, die sich immer wieder neu zu erfinden und definieren sucht, den vielen Klischees und seit langem tradierten Bildern zum Trotz.

Manches ist festgeschrieben, auch in der Literatur, anderes scheint sich ständig zu verändern. Zwischen diesen beiden Polen, Ruhe und Bewegung, mag man auch diesen

Band lesen – ob zu Hause, im bequemen Fauteuil oder unterwegs, auf der Gasse, umgeben von den Stimmen und Melodien Wiens. Um da wie dort aus Dichters Mund zu vernehmen, wie Wien klingt: wild und leidenschaftlich, hochnäsig und selbstbewußt, aber auch melancholisch, zweiflerisch und sanft.

Für ein Liebeslied taugen solche Töne allemal, auch wenn es sich, wie bei Inge Merkel, *Wiener Gift* nennen muß. »Ich liebe dieses schwül entnervende, gauklerisch verwirrende, charakterlose und korrupte, dieses dreckige und überständige, von seiner Vergangenheit überfressene und übertrunkene Wien im Schimmel seiner musealen Prostitution. Diese Stadt, die Ehrwürdiges nicht anbetet und das Gemeine nicht bekämpft, die beides nur beschaut, benörgelt und dann mit einem Witz abtut. Ich hänge an dieser Stadt und liebe sie mit Haß und mit Zärtlichkeit, mit Grausen und Gelächter und mit einer kühlen, sachlichen Traurigkeit, die irgendwo etwas frivol getönt ist.« Eine Reverenz? Das auch. Vor allem aber: eine Einladung.

Ein Bildermausoleum, so Gerhard Roth:
das Kunsthistorische Museum

Im inneren Bezirk

Dann bin i über'n Graben 'gangen, schau mir's all's an,
Da hab'n die Fiaker in ei'mfort gschrie'n: Fahr'n ma, Euer Gnad'n?
Beim Schottentor habe'n s'a neue B'schreibung verkauft,
Und ein Milliweib hat mit ein' Bettelmann g'rauft;
Einer Fleischselch'rin war's halbe G'sicht ganz verschwoll'n,
Und ein Pudel hat sieb'n Saverladiwürst' g'stohl'n,
A Frau bei die Fleischbänk' unt' au'm Lichtensteg
Geht grad, wo's am schmutzigsten war, über'n Weg;
Ja, Spaziergäng' zu machen, das ist eine Pracht,
Wenn man so den stillen Beobachter macht.

Johann Nestroy, Eine Wohnung ist zu vermieten in der Stadt

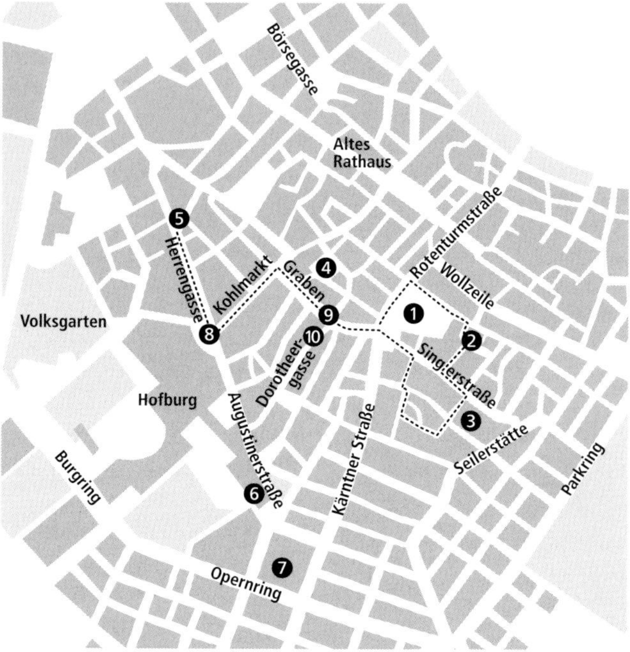

Stephansplatz – Schulerstraße – Domgasse – Blutgasse – Singerstraße – Franziskanerplatz – Ballgasse – Rauhensteingasse – Liliengasse – Graben – Kohlmarkt – Michaelerplatz – Herrengasse [1] Stephansdom [2] Mozarthaus [3] Franziskanerkirche [4] St. Peter [5] Café Central [6] Albertina [7] Staatsoper [8] Michaelerplatz [9] Pestsäule [10] Café Hawelka

1. Wien in Augenhöhe

Vom Stephansdom über den Graben ins Kaffeehaus

Tote, sehr viele Tote: Der Stephansdom steht auf einem Gräberfeld, haben Ärchäologen herausgefunden. Das Wahrzeichen Wiens wurzelt im Tod. Kaum eine andere Stadt auf der Welt wird so sehr mit dem Sterben in Verbindung gebracht wie Wien, kaum ein anderer Menschenschlag scheint so lustvoll mit der eigenen Vergänglichkeit zu kokettieren. Der Tod gehört zum Alltag, gerade auch im Steffl, wie man den Dom liebevoll-salopp zu nennen pflegt. Hier schlägt den Wienern die Stunde, und mehr noch: Hier schlägt das Herz Österreichs, wenn die Pummerin, die größte Glocke des Nordturms, das neue Jahr einläutet.

Ganz unten, in den Katakomben des Stephansdoms, liegen die Eingeweide Wiens: römische Mauern, ein frühmittelalterlicher Friedhof, darauf die Reste mehrerer romanischer Kirchen, die 1304 dem Bau der nunmehrigen Kathedrale weichen mußten. Über 100 Meter lang, 34 Meter breit, bis zu 28 Meter hoch ist sie geworden. Ein riesiges Schiff, im wahrsten Sinn des Wortes. »Der Stephansdom ist sowohl eine versteinerte Arche Noah, in der die Geschichte Wiens in Form von Zeichen und Spuren die Flut der Zeit überlebt hat, als auch ein vom Glauben versetzter Berg«, wie Gerhard Roth in seinem Essay *Der Stephansdom* beobachtet. »Zuerst wurde Muschelkalkstein vorwiegend aus dem Leithagebirge in Blöcken abgetragen und nach Wien gebracht. Dort machten sich die Arbeiter und Baumeister daran, den Berg in geometrischen Formen neu zusammenzusetzen, ihm gleichsam eine kristal-

Eine versteinerte Arche Noah: der Stephansdom

line Form zu verleihen. Zuallererst ist dieser Dom also Natur. An Versteinerungen sind Austernschalen in seinen Baumaterialien zu finden, aber auch Kalkspatkristalle, die aus dem Zerfall von Seeigelgehäusen stammen.«

Zweihundert Jahre lang wurde an der heutigen Kirche gebaut, 1511 galt sie als vollendet. Generationen von Menschen haben hier gearbeitet, im Wissen, daß sie die Einweihung des Doms nicht miterleben würden. Oder, um es Friedrich Hebbel sagen zu lassen in seinem Gedicht *Auf den Dom zu Sankt Stephan in Wien*:

Einer greift zur Kelle, der andre zum Meißel, und freudig
fängt nun jeglicher an, was er nicht endigen soll.
Wer als kräftiger Jüngling die luft'gen Gerüste erklommen,
steigt herunter als Greis, doch es ersetzt ihn sein Sohn,
diesen wieder sein Enkel, und als nun endlich der letzte
für die Spitze des Turmes windet den schimmernden Kranz,
siehe, da kann er die Blumen auf dessen Grabe schon pflücken,
welcher den Grundstein einst, gläubig vertrauend, gelegt!
Aber nun stehst du auch da, ein Fels, von menschlichen Händen,
und verkündest der Welt, wie man das Dauernde schafft.

Der Stephansdom ist kein homogenes Gebäude, in ihm spiegeln sich verschiedene Stile und Epochen. Das Hauptportal romanisch, Mittel- und Seitenschiff gotisch, die berühmte Kanzel, in deren Wölbung sich einer der Dombaumeister als sogenannter Fenstergucker verewigt hat, spätgotisch. Ein Gutteil der Grabmale stammt aus der Renaissance, der Hochalter von Tobias Pock gilt als Frühwerk des Barock, es gibt Gemälde aus dem 18. und 19. Jahrhundert und eine Orgel, die vor fünfzig Jahren gebaut wurde, weil das ursprüngliche Instrument aus 1886 im Krieg zerstört worden ist. Alles zusammen bildet, so Gerhard Roth, »ein zersplittertes Gedankengebäude, das den Dom zum Wahrzeichen für das ganze Land werden ließ: Es ist in erster Linie ein habsburgisch-katholisches Monument, manchmal mehr habsburgisch als katholisch, manchmal mehr katholisch als habsburgisch. Die Graffiti der Geschichte, aus denen dieses Gedankengebäude besteht, sind auch in den Köpfen, im Bewußtsein der Österreicher eingekratzt, oft ohne daß sie es überhaupt wissen.«

Generationen von Herrschern haben ihre Spuren hinterlassen. Der Stephansdom gilt als Hauptkirche der Habsburger. In ihm spiegelt sich ihr Selbstbewußtsein, ihr Anspruch, ihr Untergang. Nachzulesen auch im *Radetzkymarsch* von Joseph Roth. »Und der Kaiser kam: acht blütenweiße Schimmel zogen seinen Wagen. Und auf den Schimmeln, in goldbestickten schwarzen Röcken und mit weißen Perücken, ritten die Lakaien. Sie sahen aus wie Götter, und sie waren nur Diener von Halbgöttern. [...] Der Kaiser lächelte nach allen Seiten. Auf seinem alten Angesicht lag das Lächeln wie eine kleine Sonne, die er selbst geschaffen hatte. Vom Stephansdom dröhnten die Glocken, die Grüße der römischen Kirche, entboten dem römischen Kaiser deutscher Nation. Der alte Kaiser stieg vom Wagen mit jenem elastischen Schritt, den alle Zeitungen rühmten, und ging in die Kirche wie ein einfacher Mann; zu Fuß ging er in die Kirche, der römische Kaiser deutscher Nation, umdröhnt von den Glocken.

Kein Leutnant der k. u. k. Armee hätte dieser Zeremonie gleichgültig zusehen können. Und Carl Joseph war einer der empfindlichsten. Er sah den goldenen Glanz, den die Prozession verströmte, und er hörte nicht den düstern Flügelschlag der Geier. Denn über dem Doppeladler der Habsburger kreisten sie schon, die Geier, seine brüderlichen Feinde.« Joseph Roth begleitet den Kaiser ins Innere des Domes, Adalbert Stifter bleibt lieber im Freien und begibt sich nach oben, um *Vom Sankt Stephansturme* zu sprechen. Ob man lieben müsse, was man nicht lieben mag, hat sich Ingeborg Bachmann gut hundert Jahre später gefragt, »aber die Stadt ist schön und ein umständlicher Dichter stieg auf den Turm von St. Stephan und huldigte ihr«. Soll man es so sehen? Alsdann, Auftritt des Dichters A. S.: »Sehr oft und namentlich schon in späteren, reiferen Jahren erwartete ich durch die Güte des Türmers, mit dem ich Bekanntschaft gemacht hatte, auf der höchsten Höhe des Turmes das Erwachen des Tages. [...] Der Teil gerade zu unsern Füßen ist die eigentliche Stadt. Wir sehen sie wie eine Scheibe um unsern Turm herumliegen, ein Gewimmel und Geschiebe von Dächern, Giebeln und Schornsteinen, Türmen, ein Durcheinanderliegen von Prismen, Würfeln, Pyramiden, Parallelepipeden. Kuppeln, als sei das alles in toller Kristallisation an einander geschossen, und starre nun da so fort. – In der Tat, von dieser Höhe der Vogelperspektive angesehen, hat selbst für den Eingeborenen seine Stadt etwas Fremdes und Abenteuerliches, so daß er sich für den Augenblick nicht zu finden weiß. Wie eine ungeheure Wabe von Bienen liegt sie unten, durchbrochen und gegittert allenthalben, und doch allenthalben zusammenhängend, nur die Gassen nach allen Richtungen sind wie hineingerißne Furchen, und die Plätze wie ein Zurückweichen des Gedränges, wo man wieder Luft gewinnt. Senkrecht im Abgrund unter uns liegt der Platz St. Stephans, die Menschen

Wasserspeier am Stephansdom

laufen auf dem lichtgrauen Pflaster wie dunkle Ameisen herum, und jene Kutsche gleitet wie eine schwarze Nußschale vorbei, von zwei netten Käferchen gezogen, und immer mehr und mehr werden der Ameisen und immer mehr der gleitenden Nußschalen. Dort, nur durch eine dünne Häuserschicht von uns getrennt, steht die schöne, schwarze Kuppel St. Peters, von dieser Höhe erst sichtbar, wie weit sie die Häusermasse überragt – hinter ihr der freundliche Turm der Schottenabtei, links das schlanke Stift St. Michaels, dann die Augustiner, die Kapuziner und zwischen ihnen allen – selber eine kleine Stadt – die ehrwürdigen Gebäude der kaiserlichen Hofburg.«

Niemand wird die Größe des Domes wirklich erahnen, der seine Mauern nicht einmal umrundet hat. An der Südseite, nahe dem Singertor, dann noch kurzer Halt vor einem Grabmal. Eine gotische Figur, unter Glas zur Ruhe gebettet. Im Inneren der Tumba liegt der mittelalterliche Dichter Neidhart von Reuental, Sänger am Hof der Babenberger. (Ihm wird man an späterer Stelle dieses Bandes nochmals begegnen.)

Der Stephansplatz selbst ist einer der zugigsten Plätze von Wien. Elfriede Gerstl hat die Stimmung auf dem Platz und dessen Atmosphäre, das Ineinanderfließen des Gestern und Heute, eingefangen.

wien in augenhöhe

wind in augenhöhe
wind vom stephansplatz
staub vom stephansplatz
ein kleines chinesenkind schaut groß von einem plakat
herunter,

auch an die eskimos glaubt der herr hawelka nicht, er ist
konfessionslos und kein kinogeher; in der aida wollen drei
persische studenten einen sommer machen,
                                        der herr sommer
möchte einen persischen studenten zu seiner aida machen –
1, 2, 3 kommt die polizei, sagt der schöne mensch
                                        nicht wissend,
daß man 3, 4 straßen weiter cheek to cheek
wind in fußhöhe, wind in kniehöhe, die windischen, die
wendischen, die awaren, historischer staub bis
                                        zu den wollenen
dessous, ein ganz kleines stückerl vom alten wien
                                        im weinenden
aug, das lachende
sieht die goldenen kuckucke, die noch vom
alten herrn, die noch da und dort und überall im wind
in wien
im wiener wind
im windigen wien

Vom kleinen Stückerl Alt-Wien spricht Elfriede Gerstl. Lange her. Und doch scheint sich das Viertel hinter dem Stephansdom einen Abglanz davon bewahrt zu haben. Über die Schulerstraße gelangt man in die Domgasse 5. Das Mozarthaus ist das neue Schatzkästchen der Wiener Museen. Im ersten Stock des schmalen Hauses hat Mozart zwischen 1784 und 1787 gewohnt – länger als anderswo in der Stadt und geradezu herrschaftlich: vier Zimmer, zwei Kabinette, eine Küche. Von der Einrichtung ist nichts mehr erhalten. Um so eilfertiger hat man versucht, auf allen drei Etagen des Hauses Mozarts Geist wieder zum Leben zu erwecken: in einer Ausstellung zu Mozarts Wien, zur musikalischen

Welt seiner Tage und zu seinen persönlichen Lebensumständen.

Letztere hat Eduard Mörike in seiner Novelle *Mozart auf der Reise nach Prag* erkundet. »Des Mannes Bedürfnisse waren sehr vielfach, seine Neigungen zumal für gesellige Freuden außerordentlich groß. Von den vornehmsten Häusern der Stadt als unvergleichliches Talent gewürdigt und gesucht, verschmähte er Einladungen zu Festen, Zirkeln und Parteien selten oder nie. Dabei tat er der eigenen Gastfreundschaft innerhalb seiner näheren Kreise gleichfalls genug. Einen längst hergebrachten musikalischen Abend am Sonntag bei ihm, ein ungezwungenes Mittagsmahl an seinem wohlbestellten Tisch mit ein paar Freunden und Bekannten, zwei-, dreimal die Woche, das wollte er nicht missen. Bisweilen brachte er die Gäste, zum Schrecken der Frau, unangekündigt von der Straße weg ins Haus, Leute von sehr ungleichem Wert, Liebhaber, Kunstgenossen, Sänger und Poeten. [...]

Genießend oder schaffend kannte Mozart gleich wenig Maß und Ziel. Ein Teil der Nacht war stets der Komposition gewidmet. Morgens früh, oft lange noch im Bett, ward ausgearbeitet. Dann machte er, von zehn Uhr an, zu Fuß oder im Wagen abgeholt, die Runde seiner Lektionen, die in der Regel noch einige Nachmittagsstunden wegnahmen. ›Wir plagen uns wohl auch rechtschaffen‹, so schreibt er selber einmal einem Gönner, ›und es hält öfter schwer, nicht die Geduld zu verlieren. Da halst man sich als wohl akkreditierter Cembalist und Musiklehrmeister ein Dutzend Schüler auf, und immer wieder einen neuen, unangesehn was weiter an ihm ist, wenn er nur seinen Taler per marca bezahlt. Ein jeder ungarischer Schnurrbart vom Geniekorps ist willkommen, den der Satan plagt, für nichts

Zimmer, Küche, Kabinett: das Mozarthaus

und wieder nichts Generalbaß und Kontrapunkt zu studieren; das übermütigste Komteßchen, das mich wie Meister Coquerel, den Haarkräusler, mit einem roten Kopf empfängt, wenn ich einmal nicht auf den Glockenschlag bei ihr anklopfe usw.‹«

Musik, Musik, Musik, alles dreht sich in Wien um die Musik, um Literatur, Malerei, das schöngeistige Leben. Das war zu Mozarts Zeiten so, und so ist es geblieben. Franzobels *Monolog eines Wieners* weiß davon zu berichten. »[...] das Kulturzentrum war immer Wien, nicht wahr, denn alle großen Musiker mußten in Wien sein, immer, ständig, stets, Wien ist eine schöne Stadt, der Beethoven, der Brahms, die sind nach Wien, nicht wahr, die Toten reiten schnell, immer, ständig, stets, der Liszt ist auch nach Wien, nicht wahr, sogar der Verdi, ein junges Lämmchen, weiß wie Schnee, was Sie vielleicht nicht wissen werden, Wien ist eine schöne Stadt, und nicht, wie Sie sagen, Provinz, so müssen Sie das sehen, und sind Sie nicht willig, so braucht es Gewalt, nicht wahr, Giuseppe Verdi war Mitbegründer der Philharmonie von Wien, ein Leben wie im Paradies, es wurde ihm sogar angeboten, Direktor der Hofoper zu sein, was er natürlich ablehnte, immer, ständig, stets, aber er mußte, wußte, daß Wien eine größere Kulturstätte war, als Mailand oder anderswo, nicht wahr, und Wien ist immer noch berühmt, je mehr man hat, je mehr man will, immer, ständig, stets, [...] große Musiker haben die Deutschen, Richard Wagner selbstverständlich, Schumann selbstverständlich, und Beethoven selbstverständlich, es muß auch solche Käuze geben, Beethoven ist ja auch ein Wiener, vielleicht in Bonn geboren, aber seine Kulturausstattung war aus Wien, immer, ständig stets [...].«

Das Mozarthaus entläßt uns in die Blutgasse. »In dem

Blutgassl ist auch der Todt nicht schamrot worden«, wetterte Abraham a Sancta Clara 1679 in einer seiner Bußpredigten gegen die Pest. An der Kreuzung zur Singerstraße geht es links weiter zum Franziskanerplatz. Von dort zweigt die Ballgasse ab. Sie gehört zu jenen versteckt pittoresken Örtlichkeiten rund um den Stephansdom, die Hermann Lenz sehr vertraut waren. In etlichen seiner Bücher spiegelt sich das Wien des Fin de siècle und des beginnenden 20. Jahrhunderts – eine Welt, die er sich aus den Büchern eines Grillparzer, Stifter, Schnitzler oder Altenberg angeeignet hat. Spätzeiten, Phasen des Übergangs: In ihnen können sich seine Helden nicht bergen, sie bleiben unbehaust und allein, unentwegt auf der Suche nach sich selbst. »Sie merkte, daß sie weder zu den einen noch zu den anderen gehörte«, heißt es über die Marie aus den *Schwarzen Kutschen*, einem der Wien-Romane von Hermann Lenz, »was aber nicht schlecht war, weil sie dann zuschauen konnte.«

Die Margot aus dem *Inneren Bezirk* durchläuft eine schmerzhafte Selbstfindung und landet dabei in Wien. »Sie las ›Ballgasse‹ auf einem ovalen Schild mit gotischen Bronzelettern. Die Gasse stieg an und krümmte sich. Sonne leuchtete als Widerschein, als gelber Hauch auf Häusern, diesen durchlöcherten Wänden steinerner Gänge, die oben offen waren. Blauspiegelnde Fensterscheiben, Lapislazulisplitter, Einsprengsel im krummen Geschiebe der Gasse: Fensterglas, das Himmelsblau einfing, feuchte Tore und polierte Türstöcke, von Händen poliert oder von Vieh, das hier vorbeigetrieben worden war, als sich die Siedlung Wien noch niedrig geduckt hatte, reihten sich aneinander. ›Der bürgerlichen Tischler Herberg 1476‹ war in einen Türstock gemeißelt. Auf dem Pflaster ging es sich bedächtig, hier mußte jeder sorgsam einen Fuß vor den anderen setzen, weil er sonst gestolpert wäre. Es eilte nicht, es ging in eine bräunlich gelbe Dämmernis hinein mit Gerüchen aus Küchen, fauligem Wasserduft und gärigem Weindunst; auf den gebuckelten Steinen war eine Lache Wein verschüttet.«

Die Ballgasse mündet in die Rauhensteingasse. Sie führt zur Weihburggasse und von dort über die Liliengasse in die Singerstraße, in der es links abzubiegen gilt. Wo Singerstraße, Stephansplatz, Stock-im-Eisen-Platz und Kärntner Straße aufeinandertreffen, beginnt der Graben. Einst als Umgrenzung des römischen Lagers gedacht, zählt er heute zu den bekanntesten Geschäftsadressen der Stadt. Viele alteingesessene Läden haben ihre Tore längst geschlossen und Geschäfte der internationalen Designer ihre protzigen Portale geöffnet. Auch die einstigen Grabennymphen, wie die Prostituierten hießen und zu denen auch die legendäre Josefine Mutzenbacher aus Felix Saltens gleichnamigem Roman gehört haben soll, sind längst verschwunden. Sie hatten es schwer, wie schon Casanova beobachtete: »In Wien war alles schön. Viel Geld, viel Luxus. Aber auch große Hemmnisse für die Anbeter der Venus. Eine Legion erbärmlicher Spitzel, die man mit dem schönen Namen Keuschheitskommissäre schmückte, waren die unerbittlichen Verfolger aller Mädchen.« Erlässe, Verbote, Dekrete: Besonders Kaiserin Maria Theresia suchte den Graben und die anderen Vergnügungsviertel Wiens mit starker Hand zu regieren. Doch vergeblich: Bis nach dem Zweiten Weltkrieg galten Kärntner Straße und Graben als lukrativste Gegend der Stadt. Auch bei Gerhard Rühm klingt dies launig an.

Barockes Memento mori: die Pestsäule am Graben

Kärntnerstraße

keanddnaschdrossn
vadraudda glaung
blonde
brünedde
keanddnaschdrossn
zwölf hoeb ans
schazzi
hauchd di fedde

weidda obm
is da grobm
und da schdeffe
wingd ma zua
schwoazze
adredde

i bin scho miad
gem s a rua

[Kärntnerstraße / vertrauer Klang / Blonde, / Brünette / Kärntnerstraße / gegen zwölf, halb eins / Schatzi / haucht die Fette // weiter oben / ist der Graben / und der Stephansdom / winkt mir zu / Schwarze / Adrette // ich bin schon müd' / geben Sie Ruhe.]

Der Graben ist das Terrain des Flaneurs. Rainer Maria Rilke läßt seinen *Ewald Tragy* an der Seite seines Vaters über den Graben schlendern, Heimito von Doderer den Sektionsrat Geyrenhoff aus den *Dämonen*. »Ich kam über den ›Graben‹, jene schöne Wiener Straße, in welche die Schaufenster der entzückendsten Geschäfte mit tausend hübschen Dingen hinausplaudern. Die Luft schien mir mild und schäumig, wie frische Seifenflocken, geradezu wohlriechend, und große, geschlossene Blocks von Kühle noch enthaltend. Die mächtige blaue Fahne des Himmels schlug noch keinerlei Hitze herab auf den Asphalt, nur sanfte wehende Bänder von milder Wärme streiften hier Stirne, Wangen und Hände. Ich schloß die Augen halb, und in einer Wolke von Duft, die jetzt, unzweifelhaft wahrnehmbar, über den Gehsteig hauchte, glitt für mich der vielfach gefältelte, die Vergangenheit verhüllende Vorhang zurück und gab mir während der Zeit zweier Atemzüge einen lebhaften und tiefen Blick frei in jene versunkene Welt, deren äußere Pfeiler hier noch so täuschend standen, deren letzte Jahre ich noch erlebt hatte: bei offenen Grenzen war hier Europa durchgeflutet, und eben um diese Jahreszeit jetzt am lebhaftesten, deren unvergänglicher Glanz auch heuer wieder um die ihr zuinnerst verwandte Stadt spielte, jedoch befremdet ihre Strahlenbündel an schartigen Sorgenkanten brechend, an den Bruch- und Trümmerlinien einstiger Leichtigkeit.«

Die Pestsäule erinnert an das Wüten des schwarzen Todes. Er hat Wien mehrmals heimgesucht, am schlimmsten in den Jahren 1349, 1679 und 1713/14. Als Dank dafür, daß ein Teil der Stadt doch verschont geblieben war, und als Erinnerung an den Schrecken der Krankheit wurde 1687 die Pestsäule am Graben errichtet, nach Plänen von Johann Bernhard Fischer von Erlach. Sie ersetzte jene hölzerne Dreifaltigkeitssäule, an der Abraham a Sancta Clara die Opfer der Pest beklagt hatte. »Auff dem Graben / hat der Todt nichts als eingraben.« Keuschere Zeiten müßten wieder anbrechen, so sein Credo. Und weil die »Pestilenz eine Ruthen seye, so die obere Hand Gottes flechtet, [...] so traue ich doch wenigstens den Baum zu zeigen, wovon Gott die Ruthe flechtet. Dieser Baum ist die Sünde.«

Die Sünde also – und an all dem trügen die Juden eine Mitschuld, behauptet der wortgewaltige antisemitische Priester und beschimpft sie aufs übelste. Kein Wunder, daß Doron Rabinovici seinen Amos, den Helden aus der Erzählung *Der richtige Riecher*, gerade hier, wo a Sancta Clara mit ganzem Furor gepredigt hat, seine politische Initiation feiern läßt. »Amos sah auf die Pestsäule, an der dunkle Gestalten in alter Tracht vorbeizogen. Die schwarze Schar ging über jenen Platz, auf dem vor kurzem noch die Veranstaltung stattgefunden hatte und die Menschen grölend zusammengedrängt waren.

Peter Bach schaute dem Blick des Freundes nach und stieß plötzlich hervor: ›Weißt du, der Antisemitismus ist natürlich unentschuldbar, aber wenn ich die Orthodoxen sehe: Warum müssen sie sich immer so absondern? Sie müssen nicht unbedingt so herumlaufen. Außerdem: Warum akzeptieren sie nur den, der beschnitten ist. Irgendwie versteht man dann, wieso Ressentiments entstehen. Ich meine, besonders geschickt sind sie nicht, auch in politischer Hinsicht, zum Beispiel diese Herren ...‹

Just das war der Moment, in dem sowohl eine langjährige Freundschaft als auch Peters Nase zu Bruch gingen.

Peters Gesicht sollte mit diesem rechten Haken eine auffallende Wendung nehmen: Die klassische Geradlinigkeit, die sein Riechorgan bisher ausgezeichnet hatte, war dahin und geknickt. Um die Probleme, die sich aufgrund dieses Vorfalls in der Schule ergaben, brauchte sich Amos allerdings nicht zu sorgen; darum kümmerte sich selbstverständ-

Eine magische Botanisiertrommel: das Café Hawelka

lich seine Mutter. Amos aber war mit einem Schlag zum Helden der Familie avanciert.«

An der Ecke zur Dorotheergasse könnte man zum Jüdischen Museum abzweigen, wo auch regelmäßig Ausstellungen zum literarischen Wien locken. Die Dorotheergasse 6 – gegenüber dem einstigen Grabenhotel, in dem Peter Altenberg, Max Brod oder Franz Kafka genächtigt haben – beherbergt das Hawelka, eines der berühmtesten Kaffeehäuser der Stadt. Es sei sogar in London bekannt, wußte Heimito von Doderer schon 1960. »Und es treffen auch Leute aus Paris und den Niederlanden im ›Café Hawelka‹ ein. Letzten Endes eigentlich nur deshalb, weil Herr Hawelka nicht renoviert.«

So ist es bis heute geblieben. Die große der Zeit der Künstler freilich erlebte das legendäre Lokal in den fünfziger und sechziger Jahren. Das Hawelka sei eine magische Botanisiertrommel, schrieb H. C. Artmann 1960 in *Eine Stadt lebt im Caféhaus*, hier könne man die seltsamsten Faune Wiens finden: »Gescheite und Dumme, Häßliche und Schöne, Arme und Reiche, Junge und Alte, Bezaubernde und Bezauberte, Stotternde und Wohlredner und weiß Gott, was dort alles noch seinen kleinen Braunen trinkt, oder, wann's geht, einen französischen Cognac.« Arik Brauer und Ernst Fuchs waren hier daheim, Rudolf Hausner und Wolfgang Hutter, Heimito von Doderer, Helmut Qualtinger und Oskar Werner. Unter den Stammgästen auch die Vertreter der berühmten »Wiener Gruppe«, H. C. Artmann, Konrad Bayer, Gerhard Rühm oder Oswald Wiener. Von Friedrich Achleitner stammt der legendäre *Versuch übers Hawelka*.

ha
ha

ha
ha

ha
ha
ha

tschi

Eine geschlossene Gesellschaft. Wer von außen neu dazukam, mußte sich seinen Platz erst verdienen, so André Heller in seiner spöttischen Liebeserklärung ans Hawelka: »Die Dorotheergasse 6 beherbergt ebenerdig hauptsächlich Leute, die nicht gehalten haben, was sie sich von sich selbst versprachen. Eine Vereinigung der Gescheiterten ist es, die sich mit mehr oder weniger großem Aufwand ihr eigenes Scheitern zu verheimlichen sucht – und Trost im Scheitern des anderen findet.« Sekundantin seines eigenen Wegs vom Anfängertisch ins Herz des Lokals sei Leopoldine Hawelka gewesen, schreibt Heller weiter. Ihr hat Friederike Mayröcker eines ihrer wunderbar poetischverdichteten Stücke gewidmet, *für Josefine Hawelka, oder ›Konrad Bayer geht auf dem Kopf vorbei und hängt aus der Welt‹*. »... durchkreuzt scheint mir heute das Café Hawelka, durchkreuzt, durchquirlt, in Rauch gänzlich aufgelöst – vielleicht weil ich lange nicht hier war. Die bleiche Frau in ihrem bleichen Flügelkleid eilt auf mich zu, sucht, eine Spanne über dem Boden schwebend, nach einem Platz für mich, wirft dann mit gespielter Resignation die Arme in die Luft, in ihrem Sanktuarium / ich hab mir ein Herz gefaszt / ... Café Ozeanende ...

ich fühle mich *exponiert* (Terminus technicus / Kunst der Photographie), will auf der Stelle wieder weg: von meinen verstörten Blicken angezogen, schwebt sie herzu mit bleichen Wangen, bleicher Stirn : bitte zahlen!, flüstere ich; SIE IST JA KEIN ZAHLKELLNER!; Verzeihung flüstere ich; ach wir haben ja immer bis zwei, wir haben ja immer bis zwei Uhr früh offen, flüstert zu mir die Frau, hab auch oft Schmerzen gehabt, und ruinös, wenn man hinter die Berge schaut, könnte man denken, Konrad Bayer geht auf dem Kopf vorbei und hängt aus der Welt ...

auch Lotusblume taumelnder Nachtschmetterling: sie winkt mir, eine Grenzlinie ziehend zwischen dem beleuchteten und dem im Schatten liegenden Teil des Mondes, sobald ich ins Freie.«

Zurück am Graben wird man sich über die wohl schönste Toilette Wiens wundern: Jugendstil, sauber und gepflegt. Hat Thomas Bernhard doch unrecht, wenn er in seinem Roman *Alte Meister* über die Wiener Aborte schimpft? »Wien ist ganz oberflächlich wegen seiner Oper berühmt, aber tatsächlich gefürchtet und verabscheut wegen seiner skandalösen Toiletten. Die Wiener, ja die Österreicher insgesamt, haben keine Toilettenkultur, auf der ganzen Welt finden Sie keine derartig verschmutzten und übelriechenden Aborte, sagte Reger. In Wien auf den Abort gehen zu müssen, ist meistens eine Katastrophe, man macht sich in ihnen, wenn man kein Akrobat ist, schmutzig, und der Gestank in ihnen ist so groß, daß er sich oft auf Wochen in den Kleidern festsetzt. Überhaupt, sagte Reger, sind die Wiener schmutzig, es gibt keine europäischen Großstädter, die schmutziger sind, wie es ja bekannt ist, daß die

Thomas Bernhards liebstes Kaffeehaus: das Bräunerhof

schmutzigsten europäischen Wohnungen die Wiener Wohnungen sind, die Wiener Wohnungen sind noch viel schmutziger als die Wiener Toiletten. Die Wiener sagen dauernd, auf dem Balkan ist es so schmutzig, überall hören Sie das Gerede, aber in Wien ist es noch hundertmal schmutziger als auf dem Balkan.«

Doch Thomas Bernhards Tiraden gegen Wien und die Österreicher haben Stadt und Land nur noch berühmter gemacht. Es gäbe keine bessere Werbung als ihn, hat Heiner Müller einmal festgestellt: Bernhard schreibe ja so, als ob er vom österreichischen Staat angestellt gewesen sei, um gegen Österreich zu wettern.

Am Ende des Grabens zweigt links der Kohlmarkt ab, Sitz der berühmten Café-Konditorei Demel – wo, wie Anton Kuh in seinem Feuilleton *Lenin und Demel* beobachtet, ein ausgestorbener Wiener Dialekt sein Reservat hat, das »Knautschen: jene turfbekannte Art, Lauten, die sich aus Gaumen und Nase quetschen, resigniert ihren Weg zu lassen, ohne Sorge darum, ob sie sich zu einem Satzbild fügen oder nicht. Unangestrengtheit ist bekanntlich das erste Adelsmerkmal; der Fürst betont und artikuliert nicht, man könnte sonst glauben, er wolle etwas haben, und sei's auch nur: Recht. Österreichs Aristokraten haben sich deshalb eine eigene Sprache zugelegt: das Negligé im Tonfall; die Zunge legt sich da faul zurück wie in einem Klubfauteuil, die Vokale erhalten eine kleine Parfum-Injektion Langeweile aus verengter Nasenhöhle, die ›r‹ werden von der Gaumenplatte aufgepickt wie Krumen einer delikaten Torte, die Lippen öffnen sich zu nicht mehr Atem, als man dem tönenden Mundvorrat unbedingt entnehmen muß – und dieser tönende Mundvorrat wird schluckweise konsumiert, zerbröckelt in einer Sauce von Gelächel. Das war die Sprache der oberen Hundert, welche sich in den Rentengenuß aus der G. m. b. H. ›Österreich‹ teilten; es ist die Demel-Prosa.«

Auch sonst lebt im Demel eine ganz eigene Welt weiter, viel Zucker, Haselnußschaum und Eischnee, erster Qualität, versteht sich. Süßes Wien. Und höchste Zeit für einen kleinen Exkurs zum Wiener Kaffeehaus: eine Institution besonderer Art, der Stefan Zweig in seiner *Welt von Gestern* nachträumt. »Es ist eigentlich eine Art demokratischer, jedem für eine billige Schale Kaffee zugänglicher Klub, wo jeder Gast für diesen kleinen Obolus stundenlang sitzen, diskutieren, schreiben und Karten spielen und seine Post empfangen und vor allem eine unbegrenzte Zahl von Zeitungen konsumieren kann.« Und der legendäre Kaffeehausliterat? Der sei, so spottete Anton Kuh, ein Mensch, der Zeit habe, im Kaffeehaus »darüber nachzudenken, was die anderen draußen nicht erlebten«.

Um die Jahrhundertwende entwickelt sich mit der Kaffeehausliteratur ein eigenes literarisches Genre. Die Kunst der Momentaufnahmen, Miniaturen und Tagebuchnotizen. Feuilleton, Kritik und Satire erleben mit Autoren wie Karl Kraus, Peter Altenberg, Alfred Polgar oder Anton Kuh eine Blüte. »Denn sind meine kleinen Sachen Dichtungen?!« fragt sich Peter Altenberg in seiner *Selbstbiographie*. »Keineswegs. Es sind Extracte! Extracte des Lebens. Das Leben der Seele und des zufälligen Tages, in 2-3 Seiten eingedampft, vom Überflüssigen befreit wie das Rind im Liebig-Tiegel! Dem Leser bleibe es überlassen, diese Extracte aus eigenen Kräften wieder aufzulösen, in genießbare Bouillon zu verwandeln.«

Am Michaelerplatz, gleich beim Tor zur Hofburg, thront eines der ältesten Kaffeehäuser der Stadt, das Café Griensteidl. Vom einstigen Kaffeehaus, 1847 eröffnet und 1897 geschlossen, ist nichts mehr zu sehen: Das damalige Palais Dietrichstein fiel der Spitzhacke zum Opfer und wurde im ausgehenden 19. Jahrhundert neu errichtet. Erst seit 1990 beherbergt der Bau wieder das Griensteidl und damit ein Lokal alten Stils. Vielleicht kann die Literatur die Stimmung von einst imaginieren? Immerhin versammelten sich hier die Dichter des Jung-Wien, wie sie sich nannten: Arthur Schnitzler, Hugo von Hofmannsthal, Felix Salten, Richard Beer-Hofmann oder Hermann Bahr. Eine Gruppe, die den Aufstand probte, ohne sich politisch genauer zu definieren: Man lehnte den Naturalismus ab, nahm Kunstströmungen wie Symbolismus und Impressionismus auf und begründete damit eine neue Richtung österreichischer Literatur, die später von Robert Musil, Ödön von Horváth oder Joseph Roth weitergetragen wurde.

Im Griensteidl, so Hermann Bahr, sei das Wohnzimmer der Wiener zum Vorzimmer der Literatur geworden. Als Café Größenwahn wurde es verspottet. Auch Karl Kraus wußte darüber in seiner Abhandlung über den *Löwenkopf oder die Gefahren der Technik* zu lästern: »Künstler heißen die, die man sofort erkennt, und die noch wenn sie nackt sind, auffallend gekleidet gehen. Jede Gebärde eine Arabeske, jeder Atemzug instrumentiert, jeder Bart eine Redensart. Das alles ist notwendig, weil sonst in den öden Fensterhöhlen das Grauen wohnen würde. Doch mich täuscht die Fassade nicht! Ich weiß, wieviel Kunst oder wieviel Leben der Kunst abgezapft werden mußte, um dies Kinderspiel zwischen Kunst und Leben zu ermöglichen. Löwenköpfe und die Herzen von Katzen.«

Doch die Gegenseite ließ solcherlei Angriffe nicht auf sich sitzen – wie sich überhaupt an den Stammtischen der

Kaffeehäuser vielerlei Animositäten und Eifersüchteleien entwickelten, die man über Jahre hinweg hegte und pflegte. Der Kritiker Rapp aus Schnitzlers *Weg ins Freie* etwa trägt Züge von Karl Kraus. »Vom Turm der Michaelerkirche schlug es neun, als Georg vor dem Kaffeehaus stand. An einem Fenster, das der Vorhang nicht verhüllte, sah er den Kritiker Rapp sitzen, einen Stoß von Zeitungen vor sich auf dem Tisch. Eben hatte er den Zwicker von der Nase genommen, putzte ihn, und so sah das blasse, sonst so hämisch-kluge Gesicht, mit den stumpfen Augen wie tot aus. Ihm gegenüber, mit ins Leere gehenden Gesten, saß der Dichter Gleißner, im Glanze seiner falschen Eleganz, mit einer ungeheuern, schwarzen Krawatte, darin ein roter Stein funkelte. Als Georg, ohne ihre Stimme zu hören, nur die Lippen der beiden sich bewegen und ihre Blicke hin- und hergehen sah, faßte er es kaum, wie sie es ertragen konnten in dieser Wolke von Haß sich eine Viertelstunde lang gegenüber zu sitzen. Er fühlte mit einemmal, daß dies die Atmosphäre war, in der das Leben dieses ganzen Kreises sich abspielte und durch die nur manchmal erlösende Blitze von Geist und von Selbsterkenntnis zuckten.«

Der Konflikt zwischen Kraus und dem Jung-Wien spitzt sich im Laufe der Jahre so weit zu, daß es zu Handgreiflichkeiten kommt: »Gestern Abd.«, notiert Arthur Schnitzler am 15. 12. 1896 in sein Tagebuch, »hat Salten im Kfh. noch den kleinen Kraus geohrfeigt, was allseits freudig begrüßt wurde.« Kurz darauf, als das Griensteidl geschlossen wird, kann es sich Kraus nicht verkneifen, das Ende des Cafés in seinem Feuilleton über die *Demolierte Literatur* bissig zu kommentieren: »Der Demolirarbeiter pocht an die Fensterscheiben – es ist höchste Zeit. In Eile werden alle Literaturgeräthe zusammengerafft: Mangel an Talent, verfrüh-

Am Meridian der Einsamkeit: das Café Central

te Abgeklärtheit, Posen, Größenwahn, Vorstadtmädel, Cravatte, Manierirtheit, falsche Dative, Monocle und heimliche Nerven – Alles muß mit. Zögernde Dichter werden sanft hinausgeleitet. Aus dumpfer Ecke geholt, scheuen sie vor dem Tag, dessen Licht sie blendet, vor dem Leben, dessen Fülle sie bedrücken wird. Gegen dieses Licht ist das Monocle bloss ein schwacher Schutz; das Leben wird die Krücke der Affection zerbrechen ... Wohin steuert nun unsere junge Literatur? Und welches ist ihr zukünftiges Griensteidl?«

Doch Jung-Wien weiß, wohin es will: Vom Café Griensteidl durch die Herrengasse zum Café Central im Palais Ferstel sind es nur ein paar Schritte und Minuten. Der stattliche Bau, zwischen 1856 und 1860 erbaut und stilistisch eine Mischung aus Romanik und Renaissance, beherbergt auch eine Halle fast wie ein Tempel. Wer hier durch die Glastür tritt, hat einen großen Auftritt. Das Lokal, 1860 eröffnet und nach dem Zweiten Weltkrieg wieder geschlossen, wurde inzwischen aufwendig renoviert – protzig, glänzend, etwas steril. Von Alfred Polgar stammt die *Theorie des Café Central* und damit auch das Psychogramm seiner Besucher – das Central sei eben nicht nur Kaffeehaus, sondern Weltanschauung. »Das Café Central liegt unterm wienerischen Breitengrad am Meridian der Einsamkeit. Seine Bewohner sind größtenteils Leute, deren Menschenfeindschaft so heftig ist wie ihr Verlangen nach Menschen, die allein sein wollen, aber dazu Gesellschaft brauchen. Ihre Innenwelt bedarf einer Schicht Außenwelt als abgrenzenden Materials, ihre schwankenden Einzelstimmen können der Stütze des Chors nicht entbehren. Es sind unklare Naturen, ziemlich verloren ohne die Sicherheiten, die das Gefühl gibt, Teilchen eines Ganzen (dessen Ton und Farbe sie mitbestimmen) zu sein. [...] Es ist ein rechtes Asyl für Menschen, die die Zeit totschlagen müssen, um von ihr nicht totgeschlagen zu werden. Es ist der traute Herd derer, denen der traute Herd ein Greuel ist, die Zuflucht der Eheleute und Liebespaare vor den Schrecken des ungestörten Zusammenseins, eine Rettungsaktion für Zerrissene, die dort, ihr Lebtag auf der Suche nach sich und ihr Lebtag auf der Flucht vor sich, ihr fliehendes Ich-Teil hinter Zeitungspapier, öden Gesprächen und Spielkarten verstekken und das Verfolger-Ich in die Rolle des Kiebitz drängen, der das Maul zu halten hat.«

Und wer sind nun diese Müßiggänger, Dichter und Menschenfeinde? Neben dem Kreis um Hermann Bahr treffen sich hier Egon Erwin Kisch, Stefan Zweig, Albert Paris Gütersloh, Oskar Kokoschka, Egon Friedell oder Berthold Viertel. Einer der bekanntesten Besucher des Café Central bleibt Peter Altenberg. Als Pappmascheefigur sitzt er dort bis heute. »Dieser Neurastheniker im englischen Anzug, grell kariert, eine Art von höchst verfeinertem Clown, hatte die Gabe, Natur auszuströmen«, schreibt Berthold Viertel. »Er war der übernatürlich-natürlichste Mensch. Wenn er tief bekümmert dasaß, zusammengekauert, war er ein kranker Vogel mit aufgeplustertem Gefieder, und mangels der Flügel wirkten die Schmerzdrehungen seines Leibes wie Rudimente von krampfhaften Flügelschlägen. Sein Lachen war das der Lachtaube. [...] Er lebte absolut nur, um absolut er selbst zu sein. Und das beglückte, befreite und gab den anderen Kräfte. Wenn

Peter Altenberg

P. A. Zeit hatte, und er hatte immer Zeit, dann war es die größte und die höchste Zeit.«

Doch auch das Central und seine Literatenrunden treffen auf Kritiker. Franz Werfel, selbst Stammgast, zeichnet in seinem Roman *Barbara oder die Frömmigkeit* ein recht düsteres Bild dieses Etablissements. *Schattenreich* – eine Anspielung auf die Katabasis im 11. Gesang der *Odyssee* – nennt er jenes Kapitel, da er seinen Helden ins Kaffeehaus schickt, ins Central, wie aus der Beschreibung der Räumlichkeiten ersichtlich wird. Man schreibt das Jahr 1918, die Monarchie bricht auseinander, und der Journalist Ronald Weiß – eine Parodie auf Egon Erwin Kisch – führt den Helden Ferdinand in die Welt der Anarchisten und Revolutionäre ein. Der Besuch des Central wird zur Initiation. »Recht betäubt stand Ferdinand endlich im Eingang einer hohen Halle, die nicht zu Unrecht den Namen Säulenhalle führte, obgleich sie nur ein schäbiges Kaffeehaus beherbergte. Unvergessen der erste Eindruck: Warum ist diese Höhle so hoch? Und was für ein Licht ist das? Heute, nach so vielen Jahren, zweifelt Ferdinand, ob das Erinnerungsbild dieser kuppelhaften Höhle nicht einer Gedächtnisfälschung entspringe, die das Äußere des Raumes mit seinem eigenen inneren Zustand von damals vermischt. Jedenfalls ist die unbehagliche Empfindung einer nur geahnten, sinnlosen Höhe noch heute vorhanden; etwas sonderbar Kirchenhaftes. Dick riegelte eine Wolkenbank von Zigarrettenqualm (der stickige Weihrauchdunst dieses Doms) die Wölbung ab. [...] Unnach-

Franz Werfel

ahmlich schlaff bewegten sich diese Gestalten, ebenso wie die Vernachlässigung ihres gutbürgerlichen Anzuges unnachahmlich schlaff war. Zwischen angeekelten Lippen hingen erloschene Zigarren und Zigaretten, an denen zu saugen die Raucher viel zu gleichgültig schienen. Die Gesichter waren fast alle blaß, verfallen oder aufgedunsen. Sie seufzten vor unentrinnbarer Öde.«

Fast schon ein Abgesang. Viele der einst berühmten Kaffeehäuser sind längst für immer geschlossen: der Herrenhof, das Dobner oder das Siller. Andere haben überlebt, wie das Landtmann, das Eiles oder das Raimund, das Sperl, der Bräunerhof oder das Museum. Dort lebt ein Stück jener Welt weiter, die Peter Altenberg in seiner Hymne aufs Kaffeehaus treffend besungen hat.

Du hast Sorgen, sei es diese, sei es jene – – – ins *Kaffeehaus*!
Sie kann, aus irgendeinem, wenn auch nicht so plausiblen
Grunde, nicht zu dir kommen – – – ins *Kaffeehaus*!
Du hast zerrissene Stiefel – – – *Kaffeehaus*!
Du hast 400 Kronen Gehalt und gibst 500 aus – – –
Kaffeehaus!
Du bist korrekt sparsam und gönnst dir nichts – – –
Kaffeehaus!
Du bist Beamter und wärest gern Arzt geworden – – –
Kaffeehaus!
Du findest keine, die zu dir paßt – – – *Kaffeehaus*!
Du stehst innerlich vor dem Selbstmord – – – *Kaffeehaus*!
Du haßt und verachtest die Menschen und kannst sie
dennoch nicht missen – – – *Kaffeehaus*!
Man kreditiert dir nirgends mehr – – – *Kaffeehaus*!

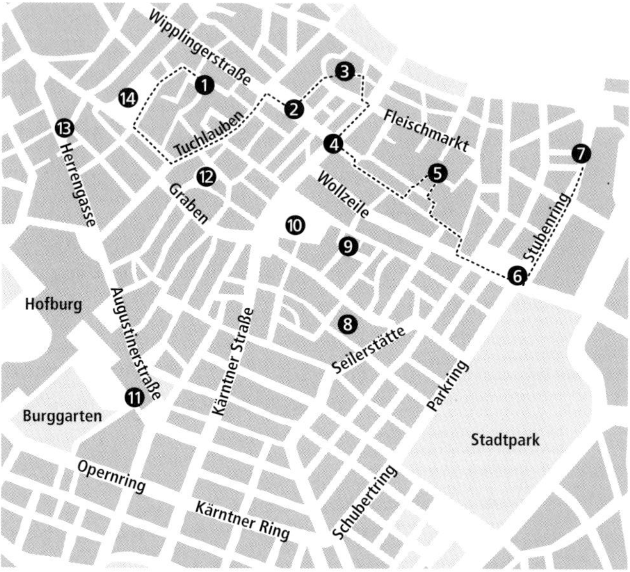

Judenplatz – Drahtgasse – Am Hof – Bognergasse – Tuchlauben – Hoher Markt – Judengasse – Seitenstettengasse – Rabensteig – Rotenturmstraße – Lugeck – Bäckerstraße – Windhaaggasse – Schönlaterngasse – Jesuitengasse – Bäckerstraße – Dr. Karl Lueger-Platz – Stubenring – Georg Coch-Platz [1] Judenplatz [2] Hoher Markt [3] Synagoge [4] Lugeck [5] Literarisches Quartier: Alte Schmiede [6] Dr. Karl Lueger-Platz [7] Georg Coch-Platz [8] Franziskanerkirche [9] Mozarthaus [10] Stephansdom [11] Albertina [12] St. Peter [13] Café Central [14] Am Hof

II. Zwischen Engeln, Hallodris und Heiligen

Vom Judenplatz über die Bäckerstraße zum Ring

Eine Bibliothek aus Stein. Ein Band neben dem nächsten, keiner ist zu öffnen, doch jedes Buch steht für einen Menschen und seine Biographie: Mit ihrem Holocaust-Mahnmal auf dem Judenplatz hat die britische Künstlerin Rachel Whiteread eine eindrückliche Gedenkstätte für die rund 65 000 österreichischen Juden geschaffen, die zwischen 1938 und 1945 ermordet worden sind. Ein Kubus aus Stahlbeton, der vier nach außen gekehrte Bücherwände repräsentiert und dem Platz eine beklemmende und zugleich poetische Aura verleiht.

Nicht weit vom Hof der Babenberger entfernt, rund um Judenplatz und Wipplingerstraße, hatte sich im ausgehenden 12. und beginnenden 13. Jahrhundert erstmals eine jüdische Gemeinde angesiedelt. Sie genoß den Schutz der Herzöge, die ihnen reichlich Steuern und Schutzzölle abverlangten. 1406 brannte es in der Judenstadt, es kam zu Plündereien. Der Antisemitismus wuchs und mündete 1420 in die erste große Vertreibung der Juden – eine *Stadt ohne Juden* sollte Wien werden (ein Szenario, das auch Hugo Bettauer 1922 in seinem gleichnamigen Roman entworfen hat). Damals, im späten Mittelalter, verfrachtete man einen Großteil der Juden auf Kähne und schickte sie donauabwärts. Einen kleineren Teil der Gemeinde suchte man zum Konvertieren zu zwingen. Wer sich der Taufe widersetzte, wurde 1421 öffentlich verbrannt. Gegenüber von Mahnmal und Museum, am Haus Nr. 2, ist eine Tafel zu entdecken, die an jenes Ereignis erinnert. Ein gewisser Georg Jordan ließ die kunstvoll gestaltete Schmähschrift

Das Holocaust-Mahnmal am Judenplatz.
Ein Mahner auch er: Gotthold Ephraim Lessing

kurz nach der Gesera anbringen: ein Halbrelief, das die Taufe Jesu zeigt, darunter der lateinische Text: »Durch die Fluten des Jordan wurden die Leiber von Schmutz und Übel gereinigt. Alles weicht, was verborgen ist und sündhaft. So erhob sich 1421 die Flamme des Hasses, wütete durch die ganze Stadt und sühnte die furchtbaren Verbrechen der hebräischen Hunde. So wie die Welt durch die Sintflut gereinigt wurde, so sind durch das Wüten des Feuers alle Strafen verbüßt.«

Die erste große Vertreibung der Juden ist nicht vergessen. »Wenn ich auch nicht die alten Psalmen summ'«, hört man von Ernst Waldinger, »ich wandle auf der Ahnen Tränenspur.« Im Misrachi-Haus am Judenplatz Nr. 8 ist ein Museum untergebracht, das die Ereignisse dieser Wiener Gesera aufrollt. Dort sind auch die Reste jener gotischen Synagoge zu bewundern, die man bei Grabungen am Judenplatz freigelegt hat.

Und Herr Lessing, der mitten am Platz auf seinem Sockel thront? Dem bleibt nichts anderes, als auf seine Ringparabel zu verweisen. »Es eifre jeder seiner unbestochnen/ Von Vorurteilen freien Liebe nach!«

Über die Drahtgasse geht's auf einen großen Platz. Sein Name, Am Hof, verdankt sich den Babenbergern, einer der ältesten österreichischen Herrscherdynastien. Seit dem späten 12. Jahrhundert residierten sie Am Hof zu Wien, und zwar dort, wo heute eine Bank logiert, auf Nr. 2. Zu den bekanntesten Dichtern am Hof der Babenberger gehörten Walther von der Vogelweide und Neidhart von Reuental. »Ze osterrîche lernt ich singen und sagen«, heißt es in einem von Walthers Liedern. Walthers Lehrmeister ist kein Unbekannter: Reinmar von Hagenau, der den Minnesang des 12. Jahrhunderts zur Blüte gebracht hatte.

Über die Bognergasse sind die Tuchlauben zu erreichen, wo schon im Mittelalter Tuchhändler und Schneider Waren und Dienste anboten, damals noch unter den Lauben. Vorbei am Café Korb, das zu Elfriede Jelineks Lieblingslokalen gehört, geht es zum Haus Nr. 19. Schon im Stiegenhaus die erste Überraschung: ein mittelalterliches Fresko, von einer Glasplatte geschützt. Einige Stufen weiter, und das Staunen wird noch größer: In einer – wie es von außen scheint – ganz normalen Wohnung finden sich die ältesten profanen Wandmalereien Wiens, Szenen aus den Dichtungen des Neidhart von Reuental.

Erst seit Sommer 1979 weiß man um diese Kostbarkeiten. Damals stießen Bauarbeiter im Rahmen einer Renovierung auf die Fresken. Das Denkmalamt schaltete sich ein, der neuzeitliche Putz wurde zur Gänze abgetragen und gut fünfzehn Meter eines ursprünglich dreißig Meter langen Bilderzyklus konserviert. Die Chroniken verweisen ins Jahr 1398, als der wohlhabende Kaufmann Michel Menschein das Haus kaufte und vergrößern ließ. Im Festsaal des ersten Stockes gab er einen Freskenzyklus in Auftrag. Er sollte eine Reihe von Liedern des Minnesängers Neidhart von Reuental illustrieren.

Neidhart war damals kein Unbekannter, im Gegenteil: Wiewohl schon seit gut 150 Jahren tot, lebten seine Verse in vielerlei Varianten weiter. Gut 120 Gesänge, so vermutet man heute, hat er hinterlassen – und nur wenige Zeugnisse über sein Leben, dem sich Dieter Kühn in seinem Buch *Herr Neidhart* auf die Spur gesetzt hat.

Neidhart gehört zu den großen Neuerern der deutschen Literatur. Zu einem Zeitpunkt, da der höfische Minnesang in seinen Möglichkeiten erschöpft zu sein schien, brachten seine Lieder ungewöhnliche Anregungen in das festgefahrene Figuren- und Themenrepertoire. Erstmals bricht das *Dörperliche* in die Dichtung ein, das Dörfliche, Derbe, das Grelle und die Komik. Neidhart scheut sich nicht, die Rituale der Minne ins bäuerliche Milieu zu übertragen und sie damit frech zu parodieren. Gleichzeitig erteilt er aber auch den unteren Ständen, die auf der gesellschaftlichen Leiter hinaufzusteigen trachten, eine Absage.

Der Figur des Neidhart selbst begegnet man in seinen Sommer-, als auch Winterliedern. Erstere sind einfache Reigenstrophen, die des Ritters keckes Buhlen um ein Bauernmädchen beschreiben und die Liebesfreuden nicht aussparen. Weniger erfolgreich ist sein Werben in den Winterliedern: Darin kommen ihm die Dorfburschen in die Quere, sie verwickeln ihn in grobe Gefechte und spannen ihm die Liebste aus.

In den Wiener Neidhart-Fresken finden sich Szenen beiderlei Typus. In ihnen spiegelt sich die pralle, freche und listige Welt der Neidhart-Lieder auf wunderbar farbige und vitale Weise. Die Vorlagen für all diese Szenen sind auf vielfältige Weise in den Dichtungen des *Herrn Neidhart* zu finden. Stellvertretend dafür Ausschnitte aus einem Sommerlied, übertragen von Dieter Kühn.

Wo die Tafelrunde saß
(waren alle hübsch vereint),
oben Laub und unten Gras,
war sie sehr gut aufgelegt.

Nichts mehr dann von societé,
als wir beide in den Klee:
sie tat, was sie mußte,
tat es, wie ichs wollte.

Das alte Wien: Wege durchs Damals und Heute

Tat ihr nur ein wenig weh ...
Wünsche mir das noch einmal.
Dieses Lachen steht ihr gut!
Ja, wir beiden machten dort ein scharfes Spielchen;
Schuld dran: die Liebe und die allerschönsten Triebe. [...]

Was dann geschah – gern denk ich dran!
Sie wurde mein und ich ihr Mann.
Die schönste aventure!
Wer sie bloß sieht, muß glücklich sein;
Nur Gutes sagt man über sie;
sie hat den besten Ruf.
So manche Nummer machten wir auf der plaine ...

Über die Tuchlauben gelangt man zum Hohen Markt. Ein Gutteil der früheren Gebäude des Platzes ist zerstört und neu aufgebaut. So auch das einstige Palais auf dessen Südseite, in dem die Arnsteins logierten. Fanny, Frau des jüdischen Bankiers Nathan von Arnstein, führte in ihrem Palais am Graben und später am Hohen Markt einen legendären Salon. 1758 in Berlin geboren, übersiedelte sie mit ihrer Heirat nach Wien. Ihr Haus wurde schnell zu einem der schillerndsten Treffpunkte der Stadt. Bei den Arnsteins trafen sich Adelige, Politiker und Künstler, hier plauderte man beim Tee oder Kaffee, am Hausball und bei der Soiree vor oder nach dem Konzertbesuch. Ein Novum für Wien, dessen Gesellschaft in einem starren gesellschaftlichen Korsett eingeschnürt schien. Besucher aus dem Ausland öffnen die Türen nach Europa: Dorothea Schlegel, Henriette Herz oder Rachel Varnhagen, der Herzog von Wellington oder Kardinal Consalvi aus Rom.

Mit Fanny von Arnstein kehren Toleranz und Weltoffenheit in die stickigen Salons ein, wie Hilde Spiel schreibt. Sie hat Fanny in ihrem Porträt *Fanny von Arnstein oder Die Emanzipation – Ein Frauenleben an der Zeitenwende 1758-1818* ein literarisches Denkmal gesetzt. Auch Rachel Varnhagen singt Fanny ein Loblied: »Frau von Arnstein noch tausendmal besser als in der Stadt; auch nicht der entfernteste Gedanke von Prätention an ihre hausgenössischen Gäste, die die völligste Freiheit und nur das Gute genießen, was das bequeme Haus mit sich bringt mit seinen zahlreichen Dienern und Pferden. Sie wollen nichts als sich und die Gäste unterhalten ohne Ängstlichkeit.«

Fanny von Arnstein ist nie konvertiert. Trotzdem brannte 1814 in ihrem Salon der erste Christbaum Wiens. Und sie war es auch, die zu den Gründungsmitgliedern der berühmten Gesellschaft der Musikfreunde in Wien zählte. Ihr Salon machte hierzulande Schule: Bei der Schriftstellerin Karoline Pichler, später bei Bertha Zuckerkandl oder Eugenie Schwarzwald trafen sich Künstler, Politik und Intelligenz.

Prunkstück des Hohen Marktes ist die Ankeruhr im Nordosten des Platzes: eine Uhrbrücke, 1914/15 nach einem Plan von Franz von Matsch errichtet. Tag für Tag um 12.00 Uhr wiederholt sich ein sehenswertes Spektakel. Jeder Stunde ist eine berühmte Persönlichkeit zugeordnet: Kaiser Marc Aurel – ob er sich wirklich in Wien aufgehalten hat, gilt als ungesichert –, Kaiser Karl der Große oder Walther von der Vogelweide. Joseph Haydn ist der letzte, der aus seinem Versteck tritt.

Unser Weg führt weiter durch die Judengasse. Fotos aus den Zeiten vor dem Zweiten Weltkrieg erzählen von den vielen Geschäften in dieser Straße: »Zur billigen Einkaufsquelle – H. Lüftig«, »Trödlerhaus Josef Brandris« oder »Josef Salzer – Schuh Lager« war dereinst auf den Emailleschildern zu lesen. Hier wurde gehandelt und gelebt, hier wurden Neuigkeiten ausgetauscht, die aus allen Teilen Europas, aber speziell aus dem Osten nach Wien gelangten. Ilse Aichinger hat die Welt von gestern und heute in einer poetischen Miniatur eingefangen.

Judengasse

Katzenköpfe. Was unsere Straßen schmückt, sind nicht mehr die Schädel der Opfertiere. Unser Stolz ist vergangen.

Hinter unseren Gängen ticken die Uhren ins graue Licht. Junge Männer fragen lächelnd nach unseren Wünschen. Da rauscht kein rotes Meer.

Nur unsere Wäsche trocknet noch im Ostwind.

Es ist geschehen, weil wir die Nacht nicht abgewartet haben. Als die Sonne unterging, sind wir ihr nachgezogen.

Und hier ist die Stelle, an der wir müde wurden, hier bauten wir Häuser. Hier ging die Sonne unter, hier krümmten wir uns, ohne uns zu beugen.

Seither wächst Gras zwischen den Steinen.

Und heute? Das einstige Gewimmel der Läden ist verschwunden, dafür sind Cafés und Lokale in die Judengasse eingezogen. Bermudadreieck nennt man das Viertel, eine

Gegend zum Versacken. Die Nächte werden lang. Tagsüber ist es ruhig, eine ganz eigene Atmosphäre hängt in der Luft, wie Inge Merkel schreibt. Sie hat das Eck zwischen Juden- und Seitenstettengasse, Ruprechts- und Morzinplatz in ihren *Impressionen vom Ruprechtsplatz* beschrieben. »Kommt man vom Hohen Markt durch die Judengasse zum Ruprechtsplatz, dann schlägt der Boden aus. Man steht auf einem jener Punkte, von denen die Gegenwart schichtweise bis in die Tiefen sehr ferner Vergangenheit reicht.

Okkultistische Schwärmereien sind mir fremd, aber ich glaube an eine Telepathie dessen, was geschichtsträchtig unter dem Pflaster liegt und sich empfänglichen Sinnen mitteilt.

St. Ruprecht gilt als die älteste Kirche Wiens. Die Krypta ruht auf römischen Fundamenten. Man darf annehmen, daß dieses Gemäuer von einem Lagertempel stammt, der seinerseits wieder über einem keltischen Sakralbau errichtet wurde. Darunter vielleicht noch ein heidnischer Opferstein, an dem die Blutreste urtümlicher Riten verrotten. [...]

Zieht man den magischen Kreis etwas weiter, wird die Seitenstettengasse einbezogen mit der größten und bekanntesten der Wiener Synagogen. Am Schabbat kommen von überall her, besonders aber von der Salztorbrücke die Gläubigen über die Ruprechtsstiege herauf, manche in ihrer angestammten Tracht mit kaftanartig geschnittenen Röcken und schwarzen Hüten. Vor dem Eingang zum Bethaus ist dann immer ein kleiner Auflauf von Leuten, die einander begrüßen und miteinander reden, so wie das auch bei christlichen Kirchen vor und nach der Messe zu sein pflegt. Der Unterschied ist nur, daß hier vor der Synagoge stets ein Polizist mit Waffe und Funkgerät patrouilliert; augenfällige Mahnung, daß jene, die in diesem Gotteshaus ihre Andacht suchen, nie ungefährdet sind. [...] Manchmal sitze ich vor dem Wirtshaus im Schanigarten gegenüber St. Ruprecht bei einem Glas Wein, und in meinen Sohlen prickeln die Regungen der tiefgehenden Wurzeln dieses Ortes, wo Blut und Wein des Heiligen ineinandersickern mit Blut und Wein des Profanen: eine zutiefst menschliche Mischung, ehrwürdig und gemein.«

Die Ruprechtskirche soll die älteste Kirche der Stadt sein. Ein schlichter romanischer Bau mit Chorfenstern aus dem 12. Jahrhundert. Daran, daß im Inneren des Gotteshauses während des Mittelalters Salz an die Einzelhändler verkauft wurde, erinnern die Statue des Heiligen Ruprecht, der ein Salzfaß in Händen hält, und das Lokal auf dem Vorplatz der Kirche, das Salzamt. Ihm gegenüber das koschere Lokal Alef Alef. Im selben Haus – die Adresse ist Seitenstettengasse 2 – hat Adalbert Stifter sechs Jahre lang gelebt, zwischen 1842 und 1848.

In jenen Jahren, da er sich als Hauslehrer verdingt, fühlte sich Stifter immer noch zum Maler berufen. Daneben suchte er sich mit Erzählungen wie *Der Hochwald, Brigitta, Das alte Siegel* oder *Abdias* als Schriftsteller zu etablieren. Gleichzeitig entstanden in jener Zeit aber auch die Feuilletons für den Sammelband *Wien und die Wiener, in Bildern aus dem Leben*. Zu den schönsten Stücken dieses Buchs gehört Stifters Beobachtung der Sonnenfinsternis des 8. Juli 1842. In einem Anbau über seiner Wohnung erhebt sich der Kornhäuselturm, den man auch heute noch sieht, am besten vom nahegelegenen Desider-Friedmann-Platz aus. Vom Turmatelier aus observierte Stifter die totale Sonnenfinsternis über Wien: eine dramatische

Schilderung eines Naturphänomens, das den Dichter tief berührte. Niemals zuvor in seinem Leben, so bekennt er, sei er von Schauer und Erhabenheit so erschüttert gewesen, »es war nichts anderes, als hätte Gott auf einmal ein deutliches Wort gesprochen, und ich hätte es verstanden«.

Die Sonnenfinsternis am 8. Juli 1842 spiegelt des Dichters Bewunderung und Entsetzen. In die wohlgeordnete Welt bricht das Chaos herein. Naturwissenschaft und das Göttliche durchdringen sich, eines ist ohne das andere nicht denkbar. »Endlich wurden auf Erden die Wirkungen sichtbar, und immer mehr, je schmäler die am Himmel glühende Sichel wurde; der Fluß schimmerte nicht mehr, sondern war ein taftgraues Band, matte Schatten lagen umher, die Schwalben wurden unruhig, der schöne sanfte Glanz des Himmels erlosch, als liefe er von einem Hauche matt an, ein kühles Lüftchen hob sich und stieß gegen uns, über den Auen starrte ein unbeschreiblich seltsames, aber bleischweres Licht, über den Wäldern war mit dem Lichterspiele die Beweglichkeit verschwunden, und Ruhe lag auf ihnen, aber nicht die des Schlummers, sondern die der Ohnmacht – und immer fahler goß sichs über die Landschaft, und diese wurde immer starrer – die Schatten unserer Gestalten legten sich leer und inhaltslos gegen das Gemäuer, die Gesichter wurden aschgrau – – erschütternd war dieses allmählige Sterben mitten in der noch vor wenigen Minuten herrschenden Frische des Morgens. Wir hatten uns das Eindämmern wie etwa ein Abendwerden vorgestellt, nur ohne Abendröte; wie geisterhaft aber ein Abendwerden ohne Abendröte sei, hatten wir uns nicht vorgestellt, aber außerdem war dies Dämmern ein ganz anderes, es war ein lastend unheimliches Entfremden unserer Natur; gegen Südost lag eine fremde gelbrothe Finsternis, und die Berge und selbst das Belvedere wurden von ihr eingetrunken.«

Direkt neben Stifters Wohnhaus liegt der jüdische Stadttempel, auch er von Josef Kornhäusel im neo-klassizistischen Stil entworfen und 1826 eröffnet. Eingefügt in ein Wohnhaus, ist er von außen nicht zu erkennen, so daß er den Krieg unbeschadet überdauern konnte. Im Rahmen einer Führung ist er zu besichtigen. Über den Rabensteig gelangt man nun in die Rotenturmstraße und wandert ein Stück weit zurück Richtung Stephansdom. Am Lugeck geht es dann hinein in ein Gewirr kleiner Längs- und Quergassen voller Cafés, Restaurants und Bars. Zu den bekanntesten Künstlerlokalen rund um Bäckerstraße, Schönlaterngasse und Sonnenfelsgasse gehören das Alt Wien und das Oswald & Kalb, beide in der Bäckerstraße. Das Alt Wien, jahrelang von den Brüdern Niko und Pero aus Ragusa befehligt, sei ein Lokal gewordenes Wechselwesen, weiß Ernst Molden in seinem Intermezzo über das *alt wien* zu berichten, »das wohl die Maske des Cafés tragen, sich aber im nächsten Moment in eine geschlossene Anstalt verwandeln kann, in eine Grube toller Hunde. Dann wieder, und das ist vielleicht am gespenstischsten, wird es zum Kunstmarkt; schließlich aber kann man zu einem anderen Zeitpunkt einige der ungestörtesten Stunden, die in Wien überhaupt möglich sind, im Alt Wien verbringen. [...]

Bewohner des Viertels kommen eher untertags, Kaffee trinken am Vormittag, mittags wahlweise das kleine oder große Gulasch oder das stets verläßliche einzige Tagesgericht zu essen, nachmittags eine Susi-Torte. Am späten Nachmittag erhalten diese Solitäre Verstärkung durch Tschecheranten, entschlossener sich betrinkender Menschen, die die Zurückhaltung des Solitärs hinter sich gelassen haben und auf ebenso zotige wie lustige Weise das tun, was man in Wien Schmähführen nennt, also witzig sein im Verbund und meist auf Kosten Ab- oder ahnungslos Anwesender.

Dann wird das Café unruhig, denn eine weitere große Gruppe, die erst am Abend auftaucht, macht sich bemerkbar: die Studenten, namentlich aus den Bundesländern, die, aus welcher Provinz sie auch kommen, einen Besuch im Café Alt Wien als eine Art Crash-Kurs im Wienerischen betrachten.

Blasen, die den Siedepunkt ankündigen, steigen an die Oberfläche des Alt Wien. Der Rausch bläst die Menschen auf, es wird enger, ohne daß jemand eingetreten wäre. Die Sperrstunde, zwischen zwei und drei Uhr früh, findet unangekündigt statt wie eine ungeduldige Geste – dahinter der still waltende Wille der Ragusäer Brüder, die da sitzen, schweigen, würfeln, Knoblauchschnaps trinken oder auch längst zuhause sind.«

Und auch das Oswald & Kalb in der Bäckerstraße 14 schräg gegenüber vom Alt Wien war und ist für viele Autoren Anlaufstelle auf ihrem Weg durch die Nacht. Unter ihnen auch Robert Schindel.

Vineta 2

In Wien kenn ich dir jeden Stein
Paul Stein am liebsten, jeden Stern
Am lachendsten den Willi, jeden
Hochroizpointner Karli
Den Präsidenten aber auch den Ratzer Charlie

In Wien kenn ich die meisten der Kastanienbäume
Und jeden Mokka, ob beim Kalb oder im Prückel
Den Rotwein sowieso, den Heurigen der Brünnerstraße
Den Stephansdom um halb vier morgens fest im Augenmaße

Kenn dir den Wiener, ob vermummt als Trafikant
Oder herausgesagt vor allen Ohren als Sekkierer
Die Frauen kenn ich dir, ob aus Hernals
Oder verhuscht im Wiental allenfalls

Was ich nicht kenn in Wien, was kenn ich denn?
Den Radius der liederlichen Einöd Stufensteigen?

Vom Hörensagen kenne ich den echten Judenscherz
Und mit der Zahnbürste spür ich des echten Wiener Herz

In Wien kenn ich dir jeden Stern
Lebe in dieser Stadt so mittelgern

Zwischen Alt Wien und Oswald & Kalb, in der Bäckerstraße 12, fällt der Rest eines Freskos auf: »Allwo die Kuh am Brett spielt«, wie es heißt: Zu sehen sind ein Wolf, ein Bild für die Protestanten, und eine Kuh, der Katholizismus, beim Backgammon-Spiel. Eine Szene, die auf die Mitte des 16. Jahrhunderts verweist, als auch in Wien die Religionskämpfe tobten.

Über die Windhaaggasse erreicht man die Schönlaterngasse mit dem Durchgang zum Heiligenkreuzerhof, der ursprünglich aus dem 13. Jahrhundert stammt. George Saiko benutzt ihn als Schauplatz für seine Erzählung *Das Haus*.

Nur ein paar Schritte weiter, in der Schönlaterngasse 7, das Basiliskenhaus, an das sich gleich zwei Wiener Sagen verknüpfen. Die eine präsentiert sich auf der Fassade. Dort hat sich das Fabeltier, das aus dem Ei eines Hahnes geschlüpft sein soll, in Stein verewigen lassen.

ANNO DOMINI MCCII WARD ERWELDT KAYSER / FRIEDERICH II. UNTER SEINEM REGIMENT IST VON / EINEM HANN ENTSPRUNGEN AIN BASILISC / WELCHER OBENSTEHENDER FIGUR GLEICH / UND IST DER BRUNN VOLL ANGESCHÜTT / WORDEN MIT ERDEN DARINNEN SELBIGES / THIER GEFUNDEN WORDEN IST / OHNE ZWEIFEL WEIL ES SEYNER / GIFFTIGEN AYGENSCHAFT VIEL MENSCHEN GESTORBEN UND VERDORBEN SEYND.

Die andere Sage weiß von einem Bäckermeister zu erzählen, der dem Basilisken, dieser Kreuzung aus Huhn und Kröte, einen Spiegel vorgehalten habe, worauf dieser zerplatzt sei.

Dichtung und Wahrheit? Um die geht es mitunter auch im Literarischen Quartier in der Alten Schmiede. Hier, in der Schönlaterngasse 9, finden fast täglich Lesungen und Konzerte statt. Über die schmale Jesuitengasse gelangt man zum Dr. Ignaz Seipel-Platz. Direkt neben der barokken Jesuitenkirche mit ihren illusionistischen Malereien liegt die Alte Universität. Ihr gegenüber die frühere Aula, in der heute die Akademie der Wissenschaften untergebracht ist. Durch drei dunkle Durchgänge erreicht man den Dr. Karl Lueger-Platz und steht beim Café Prückel, einem der schönsten und lebendigsten Kaffeehäuser der Stadt, am Ring, einem 6,5 Kilometer langen, prächtigen Boulevard, der die Innenstadt unschließt. Hier haben die berühmtesten Baumeister und Architekten der damaligen Zeit ihre Handschrift gezeigt, Theophil Hansen, Gottfried

Semper, Heinrich von Ferstel oder Carl von Hasenauer. »Monströse Zuckerbäckerei, ein Gebäude scheußlicher als das andere«, hört man Thomas Bernhard in seinem Stück *Elisabeth II.* spotten.

> Ich weiß gar nicht,
> warum die Ringstraße so berühmt ist
> ist die doch eine der häßlichsten Straßen der Welt
> nichts als pompöser Kitsch
> das Parlament die Burg die Oper
> alles Beispiele schauerlicher Architekturverirrungen
> geschmackloses Baumeisterallerlei.

Dies gilt's zu überprüfen, wenn man am MAK, dem Museum für Angewandte Kunst, und der Universität vorbei Richtung Donaukanal spaziert. Häuser, die sich wie stolze Visitenkarten ihrer Bewohner präsentieren: mit floralen Ornamenten, Amphoren, Putten und Löwen dekoriert, mit Frauengestalten, die lasziv zwischen den Fenstern stehen und den lärmenden Alltag von oben beobachten. Krieg und Frieden präsentieren sich in einem der vielen Regierungsgebäude der Stadt, am Stubenring 1, hinter dem Radetzky-Denkmal: Büsten von Feldherren, ein Adler mit ausgebreiteten Schwingen, der grimmigen Blicks über die Stadt blickt.

Doch was soll uns passieren? Direkt gegenüber dem kriegerischen Palais wacht der Himmel über Tun und Lassen. Am Dach der Österreichischen Postsparkasse, einem Kunstwerk von Otto Wagner mit kleinem Museum, thronen himmlische Wesen. Ob André Heller seine *Landschaft für Engel* hier geortet hat? »Dann entdeckte ich, aufmerksam gemacht durch meine Großmutter Karoline Scholdan, die Überdrübergesellschaft. ›Das sind lauter verwunschene Hallodris‹, sagte Großmama. Tatsächlich. Auf den Dachrändern zahlloser Gebäude war ihre Heimat. Heilige und Lemuren, Kentauren und Atlanten, Marmorgefiederte und eisernes Schlangengezücht. Scheinbar zum Sturz bereit oder zum Flug oder nachdenklich in sich versunken. Das Gewicht des Firmaments lächelnd tragend oder erschreckt abwehrend. Kometen die Richtung weisend. Rastplätze für Spatzen, Krähen und Tauben. Stolze Windfänge inmitten von Ruß- und Rauchformationen. Eine Maskenredoute der prachtvollsten Art. Meine Leute, zweifellos! Und weil sie verwunschen waren, wollte auch ich verwunschen sein. Manchmal, dessen war ich sicher, löste sich der Bann, und das Steinerne und Starre verwandelte sich für Stunden in Bewegung und Leichtigkeit. Dann amüsierten die Wesen einander mit Erzählungen ihrer Beobachtungen, und immer und immer wieder tanzten sie zu Klängen, die nur jene hören, die wissen, wo der wienerische Gott wohnt.«

Und wenn man jetzt noch wüßte, wo der wirklich zu finden ist ...

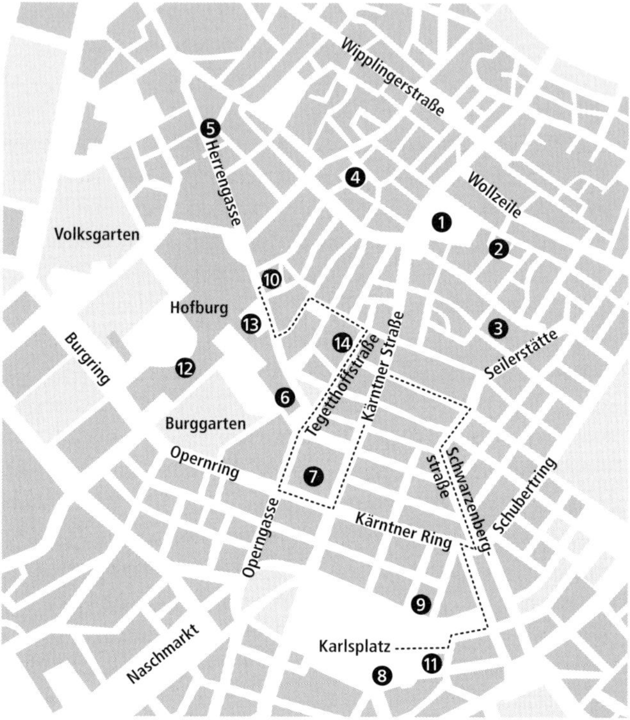

Karlsplatz – Lothringerstraße – Schwarzenbergstraße – Seilerstätte – Johannesgasse – Kärtner Straße – Opernring – Operngasse – Tegetthoffstraße – Plankengasse – Dorotheergasse – Josefsplatz – Reitschulgasse [1] Stephansdom [2] Mozarthaus [3] Franziskanerkirche [4] St. Peter [5] Café Central [6] Albertina [7] Staatsoper [8] Karlskirche [9] Musikverein [10] Hofreitschule [11] Wien Museum [12] Nationalbibliothek [13] Josefsplatz [14] Kapuzinergruft

III. Erinnern Sie sich, Baron?

Von der Karlskirche über die Staatsoper zur Hofburg

»Die Wiener Karlskirche ist für die aus dem Osten, aus Bukarest, Warschau oder Prag Anreisenden eine Art allererster Vorposten Venedigs.« So André Heller in seinem *Schattentaucher*. Und so ist es wohl auch. Ihre barocke Pracht spiegelt italienische Leichtigkeit und Eleganz, gepaart mit großer Pose und dramatischer Geste.

»Ein Versprechen auf gleißende Mosaikböden, heisere Signalrufe von Gondolieri, geflochtene Badezelte und auf Holzstäbchen kandierte Früchte«, so Heller weiter. »Von den Stufen des ausladenden Hauptportals, das sich zwischen zwei hohen, reliefumrankten architektonischen Zwittern aus Turm und Säule erstreckt, kann man, wenn man der gewaltigen, wie vom Sturm geblähten blau-grünen Kuppel den Rücken zuwendet, die byzanthinisch wirkenden Stadtbahnstationen Otto Wagners sehen. Ferdinand dachte immer, von dort aus müßten Schnellzüge zum Lido fahren, direkt in die Rezeption des Grand Hotel des Bains, und es hätte ihn auch nicht gewundert, wenn zumindest während der Sommermonate auf den Flachdächern der prachtvollen Haltestellen Fahnen und Tafeln Auskünfte über Wind- und Wetterverhältnisse der adriatischen Strände gegeben hätten.«

Venedig in Wien. Zufall, daß am Karlsplatz, nahe der Kirche, ein Venezianer begraben liegt? Wo jetzt die Technische Hochschule steht, war bis 1789 ein Armesünder-Gottesacker. Hier wurde am 28. Juli 1741 Antonio Vivaldi verscharrt. Direkt gegenüber der Karlskirche, nicht weit von den Stadtbahnstationen Otto Wagners entfernt, thront

Wie ein Vorposten Venedigs: die Karlskirche

der Wiener Musikverein. Es werde hier nur »Abgestandenes, Abgedroschenes gespielt«, lästert Thomas Bernhard in seinen *Alten Meistern*, »immer wieder diese mir schon auf die Nerven gehenden Mozartkonzerte und Brahmskonzerte und Beethovenkonzerte«. Doch sie sind gut besucht, das denn doch. Von Theophil Hansen geplant und 1870 errichtet, gilt der Musikverein als eine der ersten Adressen in Sachen Musik – weltberühmt durch das Neujahrskonzert, das in über sechzig Länder übertragen wird.

Mit einem Konzertabend beginnt auch Arthur Schnitzlers Erzählung vom *Leutnant Gustl*. »Wie lang wird denn das noch dauern? Ich muß auf die Uhr schauen ... schickt sich wahrscheinlich nicht in einem so ernsten Konzert. Aber wer sieht's denn? Wenn's einer sieht, so paßt er gerade so wenig auf, wie ich, und vor dem brauch ich mich nicht zu genieren ... Erst viertel auf zehn? ... Mir kommt vor, ich sitz' schon drei Stunden in dem Konzert. Ich bin's halt nicht gewohnt ... Was ist es denn eigentlich? Ich muß das Programm anschauen ... Ja, richtig: Oratorium? Ich hab' gemeint: Messe. Solche Sachen gehören doch nur in die Kirche. Die Kirche hat auch das Gute, daß man jeden Augenblick fortgehen kann. – Wenn ich wenigstens einen Ecksitz hätt'! – Also Geduld, Geduld! Auch Oratorien nehmen ein End'!«

Gegenüber dem Musikverein und fast direkt neben der Karlskirche liegt das Wien Museum. Der Sammlung einverleibt hat man auch die Bibliothek und das Wohnzimmer Franz Grillparzers aus dessen Domizil in der Spiegelgasse 21, wo der Dichter zwischen 1849 und 1872 lebte. John Irving hat ihm in seinem Roman *Garp und wie er die Welt sah* zu weiteren Ehren verholfen. »›Ich glaube, es war ein Schlafzimmer‹, sagte Jenny, ›aber es war auch das

Zimmer, wo der Schriftsteller wirklich *schrieb.*‹ Garp verdrehte die Augen. Er fand es obszön. Ob auch die Zahnbürste des Schriftstellers dort sein würde? Und der Nachttopf?

Es war ein ganz gewöhnliches Zimmer, aber das Bett wirkte zu klein – wie ein Kinderbett. Der Schreibtisch wirkte auch klein. Nicht das Bett oder Tisch eines expansiven Schriftstellers, dachte Garp. Das Holz war dunkel; alles sah sehr zerbrechlich aus. Garp fand, daß seine Mutter ein besseres Zimmer zum Schreiben hatte. Der Schriftsteller, dessen Zimmer in dem Museum der Stadt Wien ausgestellt war, hieß Franz Grillparzer; Garp hatte nie etwas von ihm gehört.« Und wird ihn fortan nicht mehr los. Auf Schritt und Tritt verfolgt er ihn – so lange, bis er zum Titelhelden einer Erzählung wird: *Die Pension Grillparzer*, Garps literarische Initiation.

Weiter mit Grillparzer: Vom Museum geht es über die Lothringerstraße – auf Nr. 6 die Wohnung von Karl Kraus, der sich übrigens nach seinem Austritt aus der jüdischen Religionsgemeinschaft 1911 in der Karlskirche taufen ließ – zum Schwarzenbergplatz (im Hintergrund zu sehen sind Akademietheater und Konzerthaus) und über den Ring in die Schwarzenbergstraße. Vorbei am Café Schwarzenberg, erreicht man die Seilerstätte, von der die Johannesgasse abzweigt. Nr. 6 ist der ehemalige Mariazellerhof und das heutige Hofkammerarchiv. Hier, im zweiten Stock, kann man den Grillparzerschen Bürostaub atmen. Sein Zimmer, zu erreichen durch ein Labyrinth von Archivräumen mit riesigen Regalen voller alter Manuskripte und Faszikeln, ist so wiederhergestellt, wie es zu Grillparzers Zeit wohl ausgesehen hat. An jenem hölzernen Schreibtisch ist vielleicht auch sein Brief an Kaiser Franz Joseph I. entstanden.

»Eure Majestät! Der Unterzeichnete steht gegenwärtig 43 Jahre lang in Staatsdiensten.« Genau 43 Jahre – und nun ist er's leid: Am 26. März 1856 reicht Franz Grillparzer ein Gesuch um die Versetzung in den Ruhestand ein. Nach seinem Studium der Rechte hat er sich drei Jahre lang als Privatlehrer durchgeschlagen, ehe man ihn als unentgeltlichen Praktikanten, wie es damals hieß, in die Dienste der Hofbibliothek übernahm. »Lebt wohl, ihr guten Musen!«, hatte Grillparzer anläßlich seines *Abschieds von der Hofbibliothek* gedichtet, »ich verlass' Euch bald, / denn an eurem welken Busen / ist's verzweifelt kalt. // Für den Kopf, ich muß es sagen, / sorgtet ihr recht sehr; / doch ich hab auch einen Magen, / und den ließt ihr leer.« Im Jahr 1832 wird er Direktor des Hofkammerarchivs. Eine österreichische Karriere. Ob sie ihn glücklich macht? »Habe die Archivdirektorsstelle erhalten und so des Menschen Sohn um dreißig Silberlinge verkauft«, hält er am 25. Jänner 1832 in seinem *Tagebuch* fest. »Ich werde ein volles Jahr verwenden müssen, das Geschäft kennen zu lernen, ein volles Jahr, ohne auf Poesie anders als in verlorenen Augenblicken denken zu können.«

Ob er sich darin nicht täuscht? In jenen 43 Jahren, da er in Kaisers und Volkes Diensten steht, schrieb Grillparzer den Großteil seiner Stücke, darunter die *Ahnfrau, Sappho, Das goldene Vließ, König Ottokars Glück und Ende* oder *Der Traum ein Leben*. Freiheiten nahm er sich, wie er sie brauchte: Urlaubszeiten einfach zu überschreiten, Krankenstände auszudehnen, im Büro Xenophon zu lesen oder aus dem Englischen zu übersetzen. »Nun hat er aber auch«, heißt es in Grillparzers Pensionierungsgesuch weiter, »außer seinen Amtsgeschäften sich auch literarischen und vor allem dramatischen Arbeiten hingegeben. Was er in letz-

Großer Bahnhof: die Stadtbahnstationen Otto Wagners

terem Fache geleistet, dürfte leicht unter das Beste gehören, was seit Schillers Tod in Deutschland erschienen ist. Hierbei war immer die Verherrlichung seines Vaterlandes eines seiner Hauptaugenmerke.« Schiller also. Doch dessen Ruhm blieb Grillparzer zu Lebzeiten versagt, seine Stücke hatten wenig Erfolg. Er selbst blieb ein Zerrissener, wie auch Ernst Fischer, selbst Autor und Politiker und damit Beamter, konstatiert. Grillparzers Leben und Werk seien der Inbegriff altösterreichischer Problematik: die komplizierte Vereinigung von leidenschaftlicher Phantasie und menschenscheuem Raunzertum, von Traumgewalt und Wirklichkeitsangst, Opposition und Konservativismus, Humanität und Resignation. Er liebte Österreich und litt an ihm. Vor allem aber liebte Grillparzer Wien, ohne das sein Werk nicht denkbar wäre.

Abschied von Wien

Am 27. August 1843

Leb wohl, du stolze Kaiserstadt,
Zwar nicht auf lange, denk' ich;
Zu andern Grenzen, lebensmatt,
Die irren Schritte lenk' ich.
Schön bist du, doch gefährlich auch,
Dem Schüler wie dem Meister,
Entnervend weht dein Sommerhauch,
Du Capua der Geister! [...]

Weithin Musik, wie wenn im Baum
Der Vögel Chor erwachte,
Man spricht nicht, denkt wohl etwa kaum,
Und fühlt das Halb-Gedachte.

Dazu dein Volk, ein wackres Herz,
Verstand, und vom gesunden,
Das sich mit Märchen und mit Scherz
Der Wahrheit Bild umwunden.
Man lebt in halber Poesie,
Gefährlich für die ganze,
Und ist ein Dichter, ob man nie
An Vers gedacht und Stanze. [...]

Die Johannesgasse mündet in die Kärntner Straße, Fußgängerzone, seit langem. Ganz anders noch in jenen Zeiten, die Robert Musil beschreibt. Die Kärntner Straße diente ihm als Szenerie für das Eingangskapitel seines *Mann ohne Eigenschaften.* »Autos schossen aus schmalen, tiefen Straßen in die Seichtigkeit heller Plätze. Fußgängerdunkelheit bildete wolkige Schnüre. Wo kräftigere Striche der Geschwindigkeit quer durch ihre lockere Eile fuhren, verdickten sie sich, rieselten nachher rascher und hatten nach wenigen Schwingungen wieder ihren gleichmäßigen Puls. Hunderte Töne waren zu einem drahtigen Geräusch ineinander verwunden, aus dem einzelne Spitzen vorstanden, längs dessen schneidige Kanten liefen und sich wieder einebneten, von dem klare Töne absplitterten und verflogen. An diesem Geräusch, ohne daß sich seine Besonderheit beschreiben ließe, würde ein Mensch nach jahrelanger Abwesenheit mit geschlossenen Augen erkannt haben, daß er sich in der Residenzstadt Wien befinde.«

Die Kärntner Straße gilt als bekannteste Einkaufsstraße der Stadt. Pulsierendes Leben, wie man bei Christoph Wilhelm Aigner liest.

Wien Kärntnerstraße

Fieberst Du vor den Menschen?
Ihr Stolz ist Feigheit

Sie wachsen hin und her auf dem Asphalt
als suchten sie in Trauer ihre Wurzeln

Wie die Frauenbeine schwitzen und
die bleichen gespannten Bäuche der Männer

Das Rollstuhlmädchen in seiner eleganten Haltung
starrt lange in das Juweliergeschäft

Und halten nur noch Kleidungsstücke aufrecht
Die Sommerhitze hockt in allen Mauern

Wir wachsen hin und her
als kämen wir noch weiter

Durch die Kärntner Straße läuft man südwärts auf den Ring zu, wo man direkt auf die Wiener Staatsoper stößt, das ehemalige Hofoperntheater. Erbaut von August Sicard von Sicardsburg und Eduard van der Nüll, stieß das Gebäude im Neo-Renaissance-Stil mit den romantisch historisierenden Elementen auf wenig Begeisterung bei der Bevölkerung: Es sähe aus wie eine versunkene Kiste, lästerte man damals, diese Oper sei das Königgrätz der Baukunst. Ein Urteil, das van der Nüll in den Freitod trieb? Zehn Wochen später erlag von Sicardsburg einem Herzinfarkt, so daß keiner der beiden Architekten die Eröffnung des Hauses am 15. Mai 1869 erlebte. Im März 1945 wurde das Bühnenhaus der Staatsoper von einer Bombe getroffen, das Gebäude brannte aus und wurde zehn Jahre später neu eröffnet.

Ein Ort, stark mit Österreichs kultureller Identität verknüpft. Entsprechend viel Zündstoff bot Josef Haslingers Roman *Opernball*, ein Politthriller rund um einen Giftgasanschlag auf Oper und bessere Gesellschaft. Das Buch wurde zum Bestseller. In einer seiner jüngsten Erzählungen, *die schlacht um wien*, kehrt Haslinger nochmals zur Oper zurück.

»am karlsplatz sagte ich, wir seien nun in der nähe der kärntnerstraße.

wo ist die oper? fragte sie.

da vorne. ich wies am café museum vorbei.

ist die oper auch zerstört worden?

sie ist ausgebrannt.

warum sieht man das nicht?

weil sie ein heiligtum ist, ein teil der heiligen dreifaltigkeit. gottvater wohnt im stephansdom, der sohn treibt sich im burgtheater herum, der heilige geist schwebt in der oper. alle drei heiligtümer sind ausgebrannt, weil die wiener feuerwehr den nazis gehorcht und die stadt verlassen hat. sie wurden nicht einfach aufgebaut, sondern wiederaufgebaut, als ob nichts geschehen wäre, wiederaufbauzeit.«

Alles so wie früher. So wie in jenen Zwischenkriegstagen, die Heimito von Doderer in *Die Dämonen* beschreibt. »Die präsentable Atmosphäre der Logenränge und Parkettreihen in der großen Oper hauchte in mir empor, eine Atmosphäre von reinem, aber totem Samtgeruch mit hängengebliebenem Parfüm aus fünfzig Jahren ... Da hatte sich allabendlich das Haus gefüllt, aus den Logen und Rängen

Klänge des Neujahrskonzerts: der Wiener Musikverein

knisterte schon im weiten Runde verhaltene Bewegung, leuchtete ein Kleid, blitzte ein Schmuck aus tiefschwarzem Haar, während gleichzeitig eine maßvolle Strömung unten durch den Mittelgang zog, links und rechts in die Reihen abfallend.« Ob's heute so viel anders ist? Von innen zu besichtigen ist die Staatsoper im Rahmen der Führungen, die beinahe täglich angeboten werden. Weitere Informationen gibt es beim Staatsopernmuseum im Hanuschhof in der Goethegasse 1.

Auf der Rückseite der Staatsoper, in der Philharmonikerstraße 4, logiert das legendäre Hotel Sacher, 1876 als *Sacher's Hôtel de l'Operá* eröffnet. Sachertorte, Opernsouper, Séparée: Eduard Sachers Hotel wurde schnell zur Institution. In der Erzählung *Die kleine Komödie* schildert Schnitzler einen Tag im Leben eines Bonvivants: zuerst zum Derby, dann Wurstelprater, nun Sacher. »Noch zum Sacher, heißt es, ins Separee, ein bissl Klavierspielen und tanzen. Gut, also zum Sacher. Der Fellner springt vom Bock, spielt den Lakai, öffnet die Wagenschläge, die Weiber hüpfen heraus, wir finden den kleinen Salon frei, den mit dem Klavier, es wird Champagner und Cognac gebracht; der Weidenthaler setzt sich zum Klavier, spielt einen Walzer, Fritz wünscht dringend, ich möchte mit Mizzi tanzen, Bruderschaft tanzen, Bruderschaft tanzen, es wird also gewalzt, Malkowskys edle Dame empfindet Übelkeiten, liegt auf dem Kanapee, Weidenthaler knöpfelt die Taille auf, und allgemein wird ihr rosa Mieder bewundert.«

Damals und heute liegen im Sacher nicht so weit auseinander, möchte man meinen. Das Hotel, längst modernisiert, spiegelt immer noch einen Teil der Schnitzlerschen Atmosphäre. Er selbst hat regelmäßig im Sacher soupiert und Gäste von auswärts einquartiert.

Gleich hinter der Oper schließt sich der Albertinaplatz an. Neben der Albertina mit ihrer berühmten Grafiksammlung das Reiterstandbild Erzherzog Albrechts und Alfred Hrdlickas *Mahnmal gegen Krieg und Faschismus*, das 1988 enthüllt wurde. Der Anblick des Juden, der am Boden knieend die Straßen reinigt, ist auf Widerstand unterschiedlichster Art gestoßen. Julian Schuttings Gedicht *Ärmstes aller Wiener Denkmäler!* läßt aufhorchen.

[...] Ärmstes aller Wiener Mahnmale,
uns zum Gedenken zu zwingen, in gebückter Haltung
auf den Boden zwangsverpflichtet! [...]
die Dichterfürsten thronen nachdenklich oder notieren,
was die Musen ihnen so diktieren, die Musiker geigen
oder komponieren, die Feldherren reiten, die Regenten
regieren,
sei es im Stehen, sei es im Sitzen, ›der‹ Jude aber,
daher ganz unten rangiert er, pflegt zu ebener Erde
zu kriechen,
geduckt das Pflaster zu waschen und zu bürsten! [...]

Vom Albertinaplatz geht es, vorbei am Café Tirolerhof, durch die Tegetthoffstraße zur Kaisergruft oder Kapuzinergruft, wie man sie auch nennt, seit 1633 Begräbnisstätte der Familie Habsburg. Kaiserin Anna und Kaiser Matthias waren die ersten, die hier beerdigt wurden. Ihnen folgten Kinder- und Kindeskinder, Neffen, Nichten, Cousins und Großnichten. Die Familie war groß, der Stammbaum weit verzweigt. Entsprechend oft mußte die Gruft erweitert und ausgebaut werden. Sie erstreckt sich über mehrere Hallen. Ein Mausoleum der besonderen Art, ein skurriles Andenken an jene Zeiten, da sich das kaiserlich-königliche Öster-

Torte im Séparée: das Hotel Sacher

reich als Reich feierte, in dem die Sonne nicht unterzugehen schien.

Die Kapuzinergruft hat Joseph Roths berühmtem Roman den Titel gegeben, einem Requiem auf den Zusammenbruch der Donaumonarchie. Das Buch knüpft an den *Radetzkymarsch* und die Geschichte derer von Trotta an, die im Gefolge des Kaisers Glanz und Niedergang des k. u. k. Reiches erleben und den neuen Zeiten fassungslos gegenüberstehen. Auch Franz-Ferdinand Trotta, Nachfahre jenes Mannes, der Franz Joseph dereinst das Leben gerettet hat und dafür in den Adelsstand gehoben wurde, driftet durch die Tage. Ein Bohemien. Als er im Sommer 1914 einrückt, scheint ihm der Krieg nur der Auftakt einer Reihe launiger Abenteuer. Vier Jahre später kommt er nach Wien zurück. Er erkennt sich und die Welt von damals kaum mehr wieder. »Am Weihnachtsabend des Jahres 1918 kehrte ich heim. Elf zeigte die Uhr am Westbahnhof. [...] Es war das Ende. Ich dachte an den alten Traum meines Vaters, den von einer dreifältigen Monarchie, und daran, daß er mich dazu bestimmt hatte, einmal seinen Traum wirklich zu machen. Mein Vater lag begraben auf dem Hietzinger Friedhof, und der Kaiser Franz Joseph, dessen treuer Deserteur er gewesen war, in der Kapuzinergruft. Ich war der Erbe, und der körnige Regen fiel über mich, und ich wanderte dem Hause meines Vaters und meiner Mutter zu. Ich machte einen Umweg. Ich ging an der Kapuzinergruft vorbei. Auch vor ihr ging ein Wachposten auf und ab. Was hatte er noch zu bewachen? Das Andenken? Die Geschichte? Ich, ein Erbe, blieb eine Weile vor der Kirche stehen. Der Posten kümmerte sich nicht um mich. Ich zog die Kappe. Dann ging ich weiter, dem väterlichen Hause zu, von einem Haus zum anderen.«

Kaiser Franz Joseph. Mit ihm hat man die k.u.k. Monarchie begraben. Und die neuen Zeiten? Der Roman schließt 1938, kurz nach dem Anschluß Österreichs an das deutsche Reich. Einmal mehr – und damit endet Roth – sucht Franz-Ferdinand die Nähe der Habsburger. »Die Kapuzinergruft, wo meine Kaiser liegen, begraben in steinernen Särgen, ist geschlossen. Der Bruder Kapuziner kam mir entgegen und fragte: ›Was wünschen Sie?‹ – ›Ich will den Sarg meines Kaisers Franz Joseph besuchen‹, erwiderte ich. – ›Gott segne Sie!‹ sagte der Bruder, und er schlug das Kreuz über mich. – ›Gott erhalte!‹ rief ich. – ›Pst!‹ sagte der Bruder. Wohin soll ich, ich jetzt, ein Trotta? ...« Und wohin Österreich? Der Untergang des k.u.k. Reiches wird zum Trauma, aus dem sich nicht nur die österreichische Literatur bis in unsere Tage hinein nicht befreit hat. Die Kapuzinergruft spiegelt dieses Dilemma viel offensichtlicher als andere Orte Wiens.

Wie Ammoniten lägen die toten Kaiser in ihren metallenen Schalen, schreibt Gerhard Roth in seinem Essay von der *Zweiten Stadt*. »In Österreich hat jedermann, der tot ist, Anspruch auf einen Glorienschein. Die Todesgloriole der Habsburger ist in der Kaisergruft, auch Kapuzinergruft genannt, zu besichtigen. (Sowohl die Habsburger als auch der Tod sind österreichische Superlative.) [...]

In der Kapuzinergruft stehen Rokokosärge, Särge aus der Renaissance und dem Hochbarock, geschmückt mit Brokat, aus Zinn, Blumengehängen, Wappenschildern, Reichsäpfeln, Herzoghüten, Kronen und Kreuzen, Särge, die auf Vogelfüßen ruhen oder mit historischen Darstellungen verziert sind, wie dem Einzug Franz Stephans in Florenz.

›Immer wieder verschwinden Kreuze und Verzierungen von den Särgen‹, klagt Bruder Gottfried. ›Touristen haben sogar einen Reichsapfel abgebrochen, ihn aber später wieder zurückgeschickt. Hitler blieb es vorbehalten, einen vollständigen Sarkophag mit dem Leichnam des Herzogs von Reichstadt aus der Kapuzinergruft verschwinden zu lassen. Der Sohn Napoleons und der Erzherzogin Marie Louise war in Schönbrunn aufgewachsen und einundzwanzigjährig gestorben. Anläßlich der hundertsten Wiederkehr der Überführung Napoleons von St. Helena nach Paris, berichtete die Presse, habe sich der ›Führer‹ entschlossen, die sterblichen Überreste des Herzogs den Franzosen zum Geschenk zu machen. Am 12. Dezember 1940 verhaftete die Gestapo den Pater Provinzial des Kapuzinerklosters, während Angehörige der SS, der SA und acht Männer der Bestattung in die Kaisergruft eindrangen, den Sarg abbauten und mühsam – er wog achthundert Kilogramm – hinausschafften. Die Presse schrieb darüber weiter: ›Die wenigen Menschen, die sich um diese Zeit in nächster Nähe der Kapuzinergruft befanden, eilten herbei und bildeten ein kurzes Spalier, die Hände stumm zum letzten Gruß erhoben.‹ Der Eindruck, den Hitlers organisierte Nekrophilie bei den Österreichern hinterließ, wäre es wert, näher untersucht zu werden. Übrigens vergaßen die Nazis in der Eile oder aus Unkenntnis, die Eingeweideurne und den Herzbecher mitzunehmen.«

Wer die Treppen in den Keller des Kapuzinerklosters hinuntersteigt, landet in einer fremden Welt, in Gemäuern, die den Geruch längst vergangener Zeiten atmen. Die Sarkophage setzen Staub an, Spinnennetze spannen sich zwischen den prächtigen Ornamenten der Zinnsärge. Vor einigen der Särge liegen frische Blumen und Kränze. Man weiß sie eben zu ehren, die Kaiserinnen und Kaiser, die Königinnen, Erzherzoginnen und Gräfinnen, die Kaiser, Prin-

Im Herzen eines Bücherbergwerks: der Prunksaal der Nationalbibliothek

zen und Herzöge. Wer verbeugt sich hier vor einer untergegangenen Welt? Amerikaner und Taiwanesen, Japaner, Chinesen und Finnen bestaunen die Katakomben – und ziehen über Plankengasse und Dorotheergasse zur Augustinerstraße mit der gleichnamigen Kirche weiter, um dort noch die Herzgruft zu besuchen, wo die Herzen österreichischer Regenten und Regentinnen in Urnen begraben sind. Der Eingang zu dieser Kirche, in der auch Sisi und Franz Joseph getraut wurden, liegt am Josefsplatz, mitten im riesigen Gebäudekomplex der Wiener Hofburg. Von hier aus läßt sich auch der Prunksaal der Nationalbibliothek besuchen: Gut 200 000 Bücher sind hier ausgestellt, dazu zwei prächtige venezianische Globen aus dem Barock.

Doch was wären Hofburg und Habsburger ohne die Lipizzaner? Sie sind an erster Adresse zu Hause. Ihre Ställe liegen in der Reitschulgasse, wo man den Pferden in einem eigenen Museum huldigt. Seit vierhundert Jahren wird in der Spanischen Hofreitschule klassische Reitkunst in reinster Form praktiziert. Von den Kaisern ist es nicht weit zu den Pferderln: Das meint Peter Hammerschlag in einem seiner Lieder, das eine ganze Reihe von Wien-Klischees persifliert: Lipizzaner, Staatsoper, Philharmoniker und die berühmten Sängerknaben.

Lauter weiße Schimmel

Da kommen die Herren Lipizzaner.
Wokoppel-wokoppel-kopp-kopp.
Du Radeler, du Straßenbahner,
du Steyr, du Fiat, du Opel, stopp, stopp!
Wenn diese Kleinwagen-Proleten
sich einmal hinaufsetzen täten –

sie wären doch etwas betreten
vor soviel PS und Nobless.
Die Herren Lippizaner sind kreidig,
die Wasserfall-Mähne fällt seidig,
das Bronzepferd vom Denkmal schielt neidig,
in grünlicher Patina-Dress.

Sie tänzeln mit lächelnden Mienen
hervor aus den Zimmerln der Burg
vor Leuten, die's gar nicht verdienen,
die Schimmerln, die Schimmerln der Burg.
Das trappelt und trippelt und kreiselt,
das steht wie aus Marmor gemeißelt
und höchstens von Ehrgeiz gegeißelt:
die Hofkunst-Beamten-Elite.
Das Opernballett mag man preisen,
die Philharmonie, die in Eisen,
Wiens singende Knäblein, die reisen –
hier lebt man im spanischen Tritt. [...]

Wo sind all die harb-feschen Rapperln?
Im Prater? Im Prater? Fort ... fort ...
Man stieg ihnen stark auf die Kapperln,
Rattata ... rattata ... Ford ... Ford ...
Im technischen Tagesgewimmel
bewahren die Elfenbeinschimmel
die letzten Brösel und Krümel
der Majestätstradition.
Da ist nichts gestellt und geheuchelt.
Sie nicken noch heute geschmeichelt!
Uns hat Kaiser Joseph gestreichelt.
Erinnern Sie sich, Baron?

IV. Versatzstücke der Alpträume

Durch die Hofburg über den Heldenplatz zum Burgtheater

Sisis Kokaindöschen, Sisis Babyschühchen, Sisis Trauerfächer. Nicht nur das Sisi-Museum gehört zu den Attraktionen der Wiener Hofburg. Gut 600 Jahre lang war der riesige Gebäudekomplex Residenz der Habsburger. Auf einer Fläche von 240 000 m^2 drängen sich achtzehn Trakte, neunzehn Höfe und insgesamt 2600 Räume. »Ein großes Gehäuse mit wenig Inhalt«, wie Robert Musil in seinem *Mann ohne Eigenschaften* schreibt.

Im Zentrum liegt der Burghof mit der Silberkammer und den Hinweisen auf die kaiserlichen Appartements und das Museum für die Sisi-Aficionados. In ein paar Schritten passiert man die Hofburgpassage, deren Tor den Blick auf den Heldenplatz eröffnet. Er ist nicht nur Herz des kaiserlichen Wien, sondern auch einer der neuralgischsten Punkte österreichischer Geschichte: Am 12. März 1938 marschierten die Nationalsozialistischen Truppen Deutschlands in Österreich ein, drei Tage später hielt Hitler am Heldenplatz seine berühmte Anschluß-Rede: »Als Führer und Kanzler der deutschen Nation und des Reiches melde ich vor der deutschen Geschichte nunmehr den Eintritt meiner Heimat in das Deutsche Reich.« Hunderttausende begeisterte Österreicher jubelten ihm zu. Ihrem *Herrn Karl* legen Carl Merz und Helmut Qualtinger die Erinnerungen an jenes Ereignis in den Mund.

»Und dann is eh der Hitler kommen ...

Naja – des war eine Begeisterung ... ein Jubel, wie man

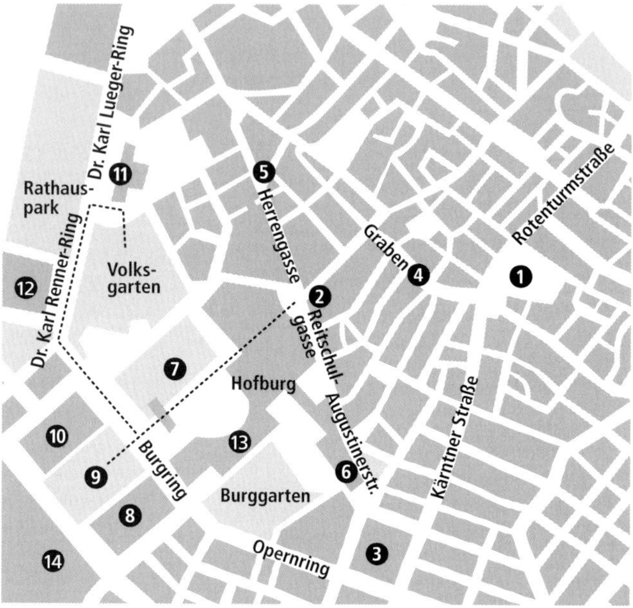

Michaelerplatz – Heldenplatz – Maria Theresien-Platz – Burgring – Dr. Karl Renner-Ring – Volksgarten [1] Stephansdom [2] St. Michael [3] Staatsoper [4] Pestsäule [5] Café Central [6] Albertina [7] Heldenplatz [8] Kunsthistorisches Museum [9] Maria Theresien-Denkmal [10] Naturhistorisches Museum [11] Burgtheater [12] Parlament [13] Nationalbibliothek [14] Museumsquartier

sie sich überhaupt nicht vorstellen kann – nach diesen furchtbaren Jahren ... die traurigen Jahre ... Endlich amal hat der Wiener a Freid g'habt ... a Hetz ... ma hat was gs'egn, net? Des kennen S'Ihna gar net vurstelln.

Wann san Se geborn? Achtadreißig? Naja, also mir san alle ... i waaß no ... am Ring und am Heldenplatz g'standen ... unübersehbar warn mir ... man hat gefühlt, ma ist unter sich ... es war wia bein Heirigen ... es war wia a riesiger Heiriger ...! Aber feierlich. Ein Taumel. *Er lacht.* Na, drum san Se ja achtadreißg geborn ... Wann? Im Dezember, na ja ...

Die Deitschn san einmarschiert – mit klingendem Spiel sans kummen, mit'n Bayerischen Hilfszug ... Die haben so Gulaschkanonen gehabt, wie man sagt ... Gulasch war kans drin ... Erdäpfeln, Kartoffeln ... Uns is ja schlecht gangen ... aber so was hab'n mir nie gessen. Na ... die haben uns g'holfen ... wie die Heischrecken haben's uns g'holfen ... Auf amal war nix mehr da ... in die G'schäfter und so ...

Aber Schwamm drüber – es waren deitsche Brüder ... im süddeitschen Raum ... Altreich ... Neureich ... Na, unsere Polizisten san aa scho da g'standen mit die Hakenkreizbinden ... es war furchtbar ... das Verbrechen, wie man diese gutgläubigen Menschen in die Irre geführt hat ... der Führer hat geführt.

Aber a Persönlichkeit war er ... vielleicht ein Dämon ... aber man hat die Größe gespürt ...«

Dazu die Fakten: Bei der Volksabstimmung am 10. April 1938, bei der über den an sich schon vollzogenen Anschluß Österreichs ans Deutsche Reich entschieden werden sollte, stimmten 99,73 % der Bevölkerung für Ja. Das Bild der jubelnden Massen, die sich am Heldenplatz drängen und Richtung Führer stürzen, ist bis heute Zeichen dafür geblieben, wie sich ein Land blindlings in eine mörderische Ideologie fügte. Ernst Jandl hat dem 15. März 1938 in einem seiner bekanntesten Gedichte ein Denkmal der eigenen Art gesetzt.

wien: heldenplatz

der glanze heldenplatz zirka
versaggerte in menschenhaftem männchenmeere
drunter auch frauen die ans maskelknie
zu heften heftig sich versuchten, hoffensdick.
und brüllzten wesentlich.

verwogener stirnscheitelunterschwang
nach nöten nördlich, kechelte
mit zu-nummernder aufs bluten feilzer stimme
hinsensend sämmertliche eigenwäscher.

pirsch!
döppelte der gottelbock von Sa-Atz zu Sa-Atz
mit hünig sprenkem stimmstummel.
balzerig würmelte es im männechensee
Und den weibern ward es so pfingstig ums heil
zumahn: wenn ein knie-ender sie hirschelte.

Während Hitlers Anhängerschaft vom Heldenplatz aus den ihr lauthals verkündeten goldenen Zeiten entgegenmarschierte, begann die Verfolgung jener, die nicht ins Bild der neuen Machthaber paßten. »Ich bin in Wien, wo seit zehn Tagen die Nazis, wohlgemerkt: die *deutschen* Nazis, regieren«, schreibt Annemarie Schwarzenbach in ihrer literarischen Reportage *Massenverhaftungen im österreichischen Offizierskorps – Nationalsozialismus ohne Maske?* »Ein Wald von Hakenkreuzfahnen säumt die Straßen. Kolonnen von jüdischen Passanten, von Braunhemden zusammengetrieben, müssen unter dem Gejohle der Zuschauer die *Schuschniggkreuze*, das Zeichen des freien Österreichs, vom Straßenpflaster wegräumen (was nebenbei gesagt, technisch unmöglich ist).« Theodor Kramer hat die Stimmung jener Tage in einem seiner Gedichte eingefangen.

Die Wahrheit ist, man hat mir nichts getan

Die Wahrheit ist, man hat mir nichts getan.
Ich darf schon lang in keiner Zeitung schreiben,
die Mutter darf noch in der Wohnung bleiben.
Die Wahrheit ist, man hat mir nichts getan.

Der Greisler schneidet mir den Schinken an
und dankt mir, wenn ich ihn bezahle, kindlich;
Wovon ich leben werd, ist unerfindlich.
Die Wahrheit ist, man hat mir nichts getan. [...]

Es öffnet sich mir in kein Land die Bahn,
ich kann mich nicht von selbst von hinnen heben:
ich hab einfach keinen Raum zum Leben.
Die Wahrheit ist, man hat mir nichts getan.

Daß der Faschismus mit Kriegsende nicht verschwunden ist, hat auch Thomas Bernhard immer wieder aufzuzeigen versucht. Nicht zuletzt in seinem letzten dramatischen Werk, dem *Heldenplatz*. Uraufgeführt am 4. November

»Großes Gehäuse mit wenig Inhalt.«
Robert Musil über die Hofburg

1988, wenige Wochen vor Bernhards Tod, gilt es als des Autors Vermächtnis. Allein das Ansinnen Claus Peymanns, das Stück am Burgtheater herauszubringen, löste bei Bekanntgabe des Spielplans 1988/89 Wirbel und Empörung aus. Eine Nation erregte sich, der Bernhardsche *Heldenplatz* wurde zum Symbol für den Angriff auf das österreichische Nationalgefühl: Während der Premiere suchten Demonstranten vor den Türen des Burgtheaters die Aufführung zu stören. Doch kaum war der Abend über die Bühne gelaufen, verebbte die Aufregung schnell.

Das Stück spielt zum Großteil in einer Wohnung am Heldenplatz. Josef Schuster, Professor für Mathematik jüdischer Herkunft, hat sich aus dem Fenster und damit in den Tod gestürzt – just in jenem März 1988, da sich Hitlers legendäre Rede zum fünfzigsten Mal jährt. Seine Tochter hält es in Österreich nicht mehr länger aus.

ich kann hier nicht mehr existieren
ich wache auf und habe es mit der Angst zu tun
die Zustände sind ja wirklich heute so
wie sie achtunddreißig gewesen sind
es gibt jetzt mehr Nazis in Wien
als achtunddreißig gewesen sind
es gibt jetzt mehr Nazis in Wien
als achtunddreißig
du wirst sehen
alles wird schlimm enden
dazu braucht es ja nicht einmal
einen geschärften Verstand
jetzt kommen sie wieder
aus allen Löchern heraus
die über vierzig Jahre zugestopft gewesen sind

du brauchst dich ja nur mit irgendwem unterhalten
schon nach kurzer Zeit stellt sich heraus
es ist ein Nazi
gleich ob du zum Bäcker gehst
oder in die Putzerei in die Apotheke
oder auf den Markt
in der Nationalbibliothek glaube ich
ich bin unter lauter Nazis

Die österreichische Nationalbibliothek: auch sie zentraler Teil des Heldenplatzes. Gerhard Roth, dessen Roman *Der Plan* hier beginnt, hat sie in seinem Essay *Die zweite Stadt* eindrücklich beschrieben. »Der Atlas des unterirdischen Wien ähnelte den Abbildungen eines Menschen in einem anatomischen Lehrbuch, auf denen die Nervenbahnen, Venen, Arterien und Organe dargestellt sind. Der Kopf, mit dem Gedächtnis dieses von außen unsichtbaren Organismus, wäre die Nationalbibliothek. Sie reicht drei Stockwerke tief unter die Erde und erstreckt sich vom Albertinaplatz bis zum Heldenplatz.

Die mehr als 250 Jahre alte Nationalbibliothek ist so etwas wie ein Bücherbergwerk. In ihren Flözen liegen 2,6 Millionen Bände.

Mit Hilfe von Butten, einer Rohrpost und einer Art Materialseilbahn werden sie aus dem Stollen an das Tageslicht gehoben. Um sich zurechtzufinden, haben die Bibliotheksbeamten im Laufe von Jahrzehnten eine eigene Topographie entwickelt. Die Bücher-Förderanlage hält an drei Stationen: Heldenplatz, Josefsplatz und Burggarten, benannt nach den darüberliegenden Orten. [...] Die ›Bergung‹ ist der tiefstgelegene Bereich der Nationalbibliothek, in der im Zweiten Weltkrieg wertvolle Objekte aufbewahrt wurden. Es gab außerdem den ›Sarg‹, in dem die nicht erfaßten Bücher lagen. Ganze Bibliotheken jüdischer Flüchtlinge oder die Produktion des Bermann-Fischer-Verlages, die selbst im Laufe von Jahren nicht ›aufgearbeitet‹ werden konnten, stapelten sich im ›Sarg‹. Übrigens war auch die Bibliothek von Schnitzlers Erben darunter. Noch heute findet man, obwohl der Großteil ›nach Möglichkeit‹ zurückgegeben wurde, ›verschwundene‹ Exemplare mit Widmungen an Arthur Schnitzler.«

Inzwischen hat sich auch die Nationalbibliothek ihrer Geschichte gestellt. Im Winter 2004/2005 präsentierte man die Ausstellung *Geraubte Bücher*, eine Dokumentation über das Schicksal jener 150 000 Druckschriften und 45 000 Sammlungsobjekte, die den Beständen der Bibliothek auf unrechtmäßige Weise einverleibt und inzwischen so weit wie möglich restituiert worden sind.

Die Nationalbibliothek mit ihren zahlreichen Sammlungen und Museen ist ebenso Spiegel des kaiserlichen Wien wie das Heldentor oder der Maria Theresien-Platz, der sich jenseits des Rings an den Heldenplatz anschließt. Um das Denkmal der Regentin gruppieren sich vor dem Hintergrund des neuen Museumsquartiers zwei der bedeutendsten Sammlungen Wiens, das Naturhistorische und das Kunsthistorische Museum. Letzteres sei nichts anderes als ein »Bildermausoleum«, spottet Gerhard Roth. Und Thomas Bernhard setzt noch eines drauf: »Nun ja, die Habsburger haben genau den dubiosen katholischen Geschmack, der in diesem Museum zu Hause ist«, heißt es in den *Alten Meistern.* Das Buch, Komödie genannt, spielt im Kunsthistorischen Museum. Dort trifft sich Atzbacher, der Erzähler, regelmäßig mit dem greisen Musikkritiker Reger, um ihm dabei zuzuhören, wie er gegen Gott, und die Welt wütet. Der Roman gerät zur Abrechnung mit Österreich und den großen Figuren der deutschsprachigen Kultur- und Geistesgeschichte: Dürer sei ein schauerlicher Künstler, hört man, nichts als ein Frankfurter Ziselierer, ein Ur- und Vornazi, Heidegger eine unablässig trächtige Philosophiekuh, die auf der deutschen Weide gegrast und im Schwarzwald seine koketten Fladen fallengelassen habe, Stifter ein verkrampft schreibender Philister und literarischer Umstandsmeier. Und das Museum selbst? »Wenn wir den Weltmaßstab anlegen, müssen wir sagen, daß das Kunsthistorische Museum, ganz im Gegensatz zu seinem Ruf, gar kein erstklassiges Museum ist, denn es hat ja nicht einmal den großen, alles überragenden Goya. Dazu kommt, daß das Kunsthistorische Museum total dem Kunstgeschmack der Habsburger entspricht, den Habsburgern, die ja, zumindest was die Malerei betrifft, einen abstoßenden, völlig geistlosen katholischen Geschmack gehabt haben.«

Kaiserin Sisi

Und das benachbarte Naturhistorische Museum, sein architektonisches Pendant? Ein weiteres Depot für Versatzstücke von Alpträumen befindet Gerhard Roth in seiner *Zweiten Stadt*. »70 000 präparierte Fische: Haie, Rochen, Muränen sind dort in Glasgefäßen senkrecht bestattet. In der Fischsammlung ein Stockwerk höher lagern noch einmal 170 000 tote Artisten eines vergessenen Naturzirkusses.«

Wer am Ring entlang Richtung Parlament weiterspaziert, passiert das Palais Epstein und den dahinter liegenden Justizpalast. Ein Feuer hat ihn am 15. Juli 1927 schwer

Nicht nur Jubelort: der Heldenplatz

beschädigt. Zwischen 1928 und 1931 hat man ihn nach alten Plänen wiederhergestellt. Ein Brand mit Vorgeschichte: Sie führt ins burgenländische Schattendorf. Dort wurden am 30. Januar 1927 bei einer Schießerei zwischen Frontkämpfern und Angehörigen des Republikanischen Schutzbundes zwei Personen getötet. Als die Angeklagten am 14. Juli freigesprochen wurden, versammelten sich aufgebrachte Demonstranten – die meisten von ihnen Arbeiter – vor dem Justizpalast und legten, als die Polizei immer härter gegen sie vorzugehen drohte, Feuer. Die Straßenkämpfe um den Justizpalast und das Parlament dauerten den ganzen Tag, es gab 89 Tote, 85 Demonstranten und vier Polizisten, und über tausend Leicht- und Schwerverletzte.

Die Meldung vom Brand samt dazugehörigem Aufruhr verbreitete sich rasch. Aus allen Stadtteilen strömten Menschen ins Zentrum, um das Feuer zu sehen. Auch Manès Sperber und Elias Canetti gehörten zu den Augenzeugen. Für Canetti werden die Erlebnisse des 15. Juli 1927 zu einer der wesentlichen Keimzellen seiner Studie über *Masse und Macht*, wie er in seiner Autobiographie, *Die Fackel im Ohr*, gesteht: »Es sind 53 Jahre her, und die Erregung dieses Tages liegt mir heute noch in den Knochen. Es ist das nächste zu einer Revolution, was ich am eigenen Leib erlebt habe. [...] Ich wurde zu einem Teil der Masse, ich ging vollkommen in ihr auf, ich spürte nicht den leisesten Widerstand gegen das, was sie unternahm.«

Canetti übersetzte die Beobachtungen des brennenden Justizpalastes und der Reaktion des Volkes direkt in seine Theorie von der Masse und deren Gesetzen: »Ein für alle Mal hatte ich erlebt, was ich später eine *offene* Masse nannte, ihre Bildung durch das Zusammenfließen von Menschen aus allen Teilen der Stadt, in langen, unbeirrbaren, unablenkbaren Zügen, deren Richtung bestimmt war durch die Position des Gebäudes, das den Namen der Justiz trug, aber durch den Fehlspruch das Unrecht verkörperte. Ich hatte erlebt, daß die Masse zerfallen muß und wie sie diesen Zerfall fürchtet; daß sie alles daransetzt, nicht zu zerfallen; daß sie sich selbst im Feuer sieht, daß sie entzündet und um ihren Zerfall herumkommt, solange dieses Feuer besteht.«

Andere beobachten den Brand mit Gelassenheit und aus sicherer Distanz. »Besetzung des Justizpalastes, angelegtes Feuer, Schießereien, Anzünden der (antisem.) ›Reichspost‹; die Tram steht still – Ich arbeite indes ungestört weiter«, notiert Arthur Schnitzler in seinem *Tagebuch*, »nicht nach Gebühr erschüttert; – aber wieder einmal angeekelt von den Hetzpolitikern ›hüben‹ wie ›drüben‹.« Auch Heimito von Doderer bleibt ungerührt. Aber immerhin: Drei Tage nach dem Brand inspiziert Doderer »Kriegsschauplatz und Ruine«. Den Brand selbst hat er fünfundzwanzig Jahre später in den *Dämonen* imaginiert und literarisch gestaltet. Er wird zum Leitmotiv und Kristallisationspunkt des Romans.

»Nun hier standen wir also wieder am Fenster und hatten den Feldstecher zur Hand und sahen allmählich besser, was auf dem Platze vorging. Der Tumult wirkte jetzt durchaus wie ein Elementarereignis, eine ›höhere‹ Gewalt, wie man zu sagen pflegt ... Schon sahen wir nicht mehr nur die Fliehenden – beim Rennen löste sich die Menge in zahllose einzelne Punkte auf, sie wurde ›pointillistisch‹, und der sehr grelle Sonnenschein unterstrich das noch – wir erblickten auch die ersten Fallenden, die plötzlich da oder dorthin gefleckt waren, patzen- und bündelgleich, dunkel im Sonnenlicht. Auch die Schutzbündler mußten laufen, ihre Kette um den brennenden Justizpalast ver-

Der Tempel der Demokratie: das Parlament

schwand. Wir sahen schon die Reihen aus Karabinern feuernder Polizisten erscheinen. Ihnen wurde entgegen geschossen – man machte auf beiden Seiten von der Feuerwaffe jetzt offen und ausgiebig Gebrauch –, ich glaube, die Schüsse kamen von der Barrikade vor der Lerchenfelderstraße, eine endlos knatternde Schießerei, die sich ein wenig entfernte. Jetzt bemerkten wir erst die Feuerwehr rundum bei dem brennenden Gebäude allenthalben in Tätigkeit (war sie schon früher dagewesen?!), ihre Motorspritzen standen zahlreich aufgefahren, man legte lange Schlauchlinien von den Hydranten her. [...]

Ich stand benommen am Fenster. Der Zustand vom Morgen schien wiedergekehrt. Wie eine milchige Aura lag es um Augen und Ohren. Meine Auffassung, so lebhaft sie sein mochte, war getrübt. Ich sah die Männer des Schutzbundes wieder auf dem Platze. Sie waren, so schien es, des Tages leidender Teil. Sie klaubten zusammen – die menschlichen Bündel nämlich, von denen einige reglos in der Sonne lagen, andere aber um sich schlugen –, sie eilten mit den Tragbahren, sie gerieten in's Feuer der Polizei, die es ihretwegen keineswegs zurückhielt. Wenn die Schutzbündler einen abgetragen hatten, blieb nur die rote Lache auf dem Pflaster, anfänglich immer sehr rot, viel Rot, zu viel.«

Dem Justizpalast, der nach dem Brand wiederhergestellt wurde, benachbart thront das Parlament, einer der Prunkbauten am Ring, ein Bau von Theophil Hansen, 1874 bis 1883 im Stil eines griechischen Tempels entworfen. Daran angrenzend der Rathauspark mit dem neugotischen Rathaus, ihm gegenüber eines der glanzvollsten Gebäude der Ringstraße: das Burgtheater, der Musentempel der Wiener. Und das erste deutschsprachige Nationaltheater, von Joseph II. 1776 im damaligen Theater nebst der Burg begründet. Nicht mehr Possen und Volksbelustigungen aller Art sollten hier stattfinden, so der Regent, nein, aufgeführt werden durften nur mehr »gute deutsche Stücke und wohlgeratene Übersetzungen aus anderen Sprachen«. Das Volk murrte und strömte in die Vorstadttheater, für den Adel avancierte das Hof- und Nationaltheater zum Ort des Sehens und Gesehenwerdens.

Mit dem Bau des Rings unter Kaiser Franz Joseph wurde auch der Neubau des neuen k. u. k. Hofburgtheaters beschlossen, der in die Hände von Gottfried Semper und Carl von Hasenauer gelegt wurde. Beethovens Ouvertüre *Die Weihe des Hauses*, Grillparzers *Esther* und Friedrich Schillers *Wallensteins Lager* eröffneten die Burg, wie das Theater auch heißt, am 14. Oktober 1888. Kaum eine andere Bühne Wiens und Österreichs scheint so stark zu polarisieren, die Burg ist längst Spiegel der österreichischen Gesellschaft. Wer hier aufgeführt wird, der hat es geschafft. Thomas Bernhard ist das oft und dauerhaft gelungen, gerade auch in der Ära Claus Peymann. Gleichzeitig stammt von ihm auch die bitterste Burgtheater-Schelte. So etwa in *Elisabeth II.* (weswegen sich Claus Peymann, wie es immer wieder heißt, anfangs geweigert habe, das Stück uraufzuführen).

Ein neuer Direktor, sagen die Leute
aber das ist doch auch ein Scharlatan
die Deutschen kommen immer als frischer Wind herein
und bald ist es wieder gähnende Leere
die einen anödet
Wie viele Direktoren ich auf dem Burgtheater
schon erlebt habe
und im Grunde hat sich nichts geändert
diese perverse Stückevernichtungsmaschine

die neuen Gesichter sind in kurzer Zeit wieder die alten
und der neue Geist ist der vorgestrige
dieses Haus ist immer verstaubt gewesen
Das ist ja der Reiz am Burgtheater
daß es immer verstaubt gewesen ist
und immer verstaubt sein wird
Jede Entrümpelung des Burgtheaters
leitet nur eine neue Stauborgie ein

Stauborgie oder nicht: Die Burg wird, wie schon bisher, alle Angriffe überleben, dazu die Skandale und Intrigen, die Eitelkeit der Intendanten und Schauspieler, die dubiosen Strategien der Kulturpolitik. Denn wie schrieb der Schriftsteller, Dramaturg und Regisseur Berthold Viertel um 1945: »Als ich vor einiger Zeit in einem alten Jahrgang der Neuen Freien Presse blätterte – es war der vom Jahre 1889, dem Todesjahr des Kronprinzen Rudolf –, stieß ich auf ein Feuilleton von Speidel persönlich, das den Titel hatte: ›Die Krise des Burgtheaters‹. Ja, so war es. Im Leben des Burgtheaters folgte eine Krise auf die nächste, und das Burgtheater überlebte sie alle, so wie es auch uns überleben wird. Es wird ein Burgtheater sein, und wir werden nicht mehr sein.« Und so wird's sein.

Schlußpunkt unserer Wanderung über Heldenplatz und Ring könnte, nach einer Führung durchs Burgtheater, der Besuch des berühmten Café Landtmann sein – oder des Burggartens, der sich zwischen Burg, Hofburg und Nationalbibliothek erstreckt. Er hat Jan Skácel zu seiner *Kleinen Rezension über Tauben* inspiriert – vielleicht der passende Schlußpunkt für einen geschichtsträchtigen Spaziergang wie diesen.

»Nirgendwo, nicht einmal vor der Stephanskirche, den

Eine perverse Stückevernichtungsmaschine,
so Thomas Bernhard: das Burgtheater

Bildern Jan Brueghels des Älteren, ja selbst vor dem Standbild des Kaisers nicht, blieb ich in Wien in stummem Nachdenken so lange stehen wie bei dem auf einem in den Rasen gerammten Holzpflock befestigten Schild in der Nähe der Hofburg.

Dort stand ich lange und setzte mich schließlich nieder.

Immer wieder las ich: *Bitte Taubenfütterung wegen der Rattenplage unterlassen.*

Auf tschechisch bedeutet das ungefähr, daß ich gebeten wurde, dort nicht die Tauben zu füttern wegen der Ratten. Oder: Füttert nicht die Tauben, damit ihr nicht die Ratten nährt.

So irgendwie, und in mir lehnte sich etwas auf.

Ich hatte mich immer eher zu den Tauben gezählt.

Eher zu den Tauben als zu den Ratten. Ohnmächtige Wut stieg in meiner Kehle hoch, und ich sagte mir, daß auf dieser Welt immer alles gleichbleiben wird. Damit die Ratten ausgerottet werden, müssen vorher alle Tauben krepieren. Wenigstens stellen es sich die Behörden so vor. Bei uns wie bei ihnen.

Ich mag Tauben und gehöre gewissermaßen zu ihnen. Ich füttere sie auf den Plätzen mit Puffmais. Wir sind gute Freunde von wegen der Flügel.

Menschen gingen vorbei und machten ganz zufriedene Gesichter, als ob alles in Ordnung sei, sogar absolut in Ordnung. Schon wollte ich einen nach dem anderen bei den Rockschößen packen und ihnen erklären, daß das nicht stimmt, daß alles in Unordnung ist, in schrecklicher Unordnung sogar. Ich blickte sie fragend an, aber es stand keine Antwort in ihren glatt rasierten Gesichtern. Selbst die Tauben, die sich auf dem Rasen herumtrieben, ahnten nichts. Sie konnten nicht lesen.

Angst ergriff mich und ich bekam Lust zu weinen.

Wegen der Tauben, der Menschen, der Ratten.

Zuerst stand ich dort lange, dann setzte ich mich nieder, aber es half mir nicht um die Burg. Nur angst und bang wurde mir von dem Gedanken, daß ich, zumindest im Schlaf, zu den Tauben gehöre. Und daß ich das, obwohl ich keine Ratte bin, büßen muß, weil es Ratten gibt auf der Welt.

Ich saß den halben Tag lang dort, und alles war vergeblich.

Gegen den Abend zu trabte ein Paar Lipizzaner vorbei, die in einen Fiaker auf Rädern mit Gummistreifen eingespannt waren. Die Pferdchen trabten gerade vorbei und waren weder Tauben noch Ratten, noch Menschen. So überließ ich ihnen dieses Nachdenken. Diesen Pferden.

Sie hatten einen größeren Kopf als ich.

Und auch einen schöneren.«

Zwischen Ring und Gürtel

»Wir ersetzen Spott für Verantwortung, Nörgeln für Handeln, Theater für Leben. Wir liegen am Fenster wie auf einer Logenbrüstung, und wenn unten auf der Straße eine Niedertracht geschieht, schauen wir zu, statt uns zu empören; allenfalls ereifern wir uns darüber, wie gespielt wurde. Mit der Realität verkehren wir nicht.«

Inge Merkel, Das Wiener Gift

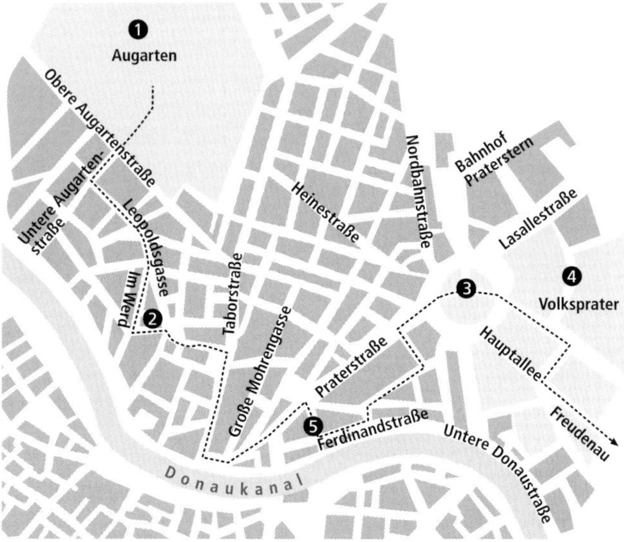

Augarten – Untere Augartenstraße – Leopoldsgasse – Im Werd – Karmelitermarkt – Krummbaumgasse – Karmelitergasse – Taborstraße – Praterstraße – Tempelgasse – Ferdinandstraße – Fruchtgasse – Czerningasse – Mayergasse – Praterstraße – Praterstern [1] Augarten [2] Karmelitermarkt [3] Praterstern [4] Riesenrad [5] ehemalige Synagoge

V. Bleicher Mond

Heimat und Diaspora: die Leopoldstadt

Manchmal, wenn die Fenster offen sind, kann man sie hören: Mitten im Augarten residieren die Wiener Sängerknaben. Und nicht weit von ihrem prächtigen Palais entfernt logiert die Porzellanmanufaktur Augarten – beide Wahrzeichen Wiens. Gut 52 Hektar groß ist der barocke Park, wo unser Spaziergang diesmal beginnt. Grillparzer hat ihn in seiner Erzählung *Der arme Spielmann* verewigt, Wolf Haas in seinem Kriminalroman *Wie die Tiere*. Gestern und heute: Das könnte das Motto sein für den Weg durch den 2. Bezirk, auch Leopoldstadt genannt. Hier spiegelt sich die jüdische Geschichte deutlicher als anderswo, hier zeigt sich, wie man eine Kultur zum Verschwinden gebracht hat – und wie sie sich langsam wieder ins Stadtleben zurückkämpft.

Auf der Unteren Augartenstraße geht es stadteinwärts bis zur Leopoldsgasse, die ins Herz des 2. Bezirks führt. Eine Gegend ohne Allüren, wie auch Peter Henisch in *Steins Paranoia* beobachtet. »Um den Karmelitermarkt, Gastarbeiterquartiere, etwas weniger Grau also, etwas mehr Farben, Töne, selbst der Lärm eher menschenstimmig anheimelnd, aber nicht ohne die Melancholie des Hier-*doch*-nicht-Daheimseins. Überall abblätternder Verputz, zu viele Plakatwände mit fragwürdig freien, brennesselüberwucherten Gründen dahinter, noch immer Nachkrieg. Augartenwärts ein paar Strahlen sonnig Verträumtes, allerdings im Schatten zweier Flaktürme, praterwärts lungernde Zwielichtigkeit, Spielhallen, Sexshops, allzu schmuddelige Bars, allzu schäbige Hotels.«

Früher einmal war diese Gegend von vielen Donauarmen durchzogen. Erst 1875 hat man die Donau reguliert und das einstige Augebiet des 2. Bezirks trockengelegt. Seither ist Wien einigermaßen sicher vor Hochwasser. Von den unzähligen alten Flußstraßen berichten die Namen der Gassen. Große Schiffgasse, Floßgasse, Schiffamtsgasse, Im Werd: letztere eine schmale Gasse, die von der Leopoldsgasse nach rechts abzweigt. Hier, im einstigen Schwemmgebiet der Donau, standen im frühen 14. Jahrhundert die ersten Häuser, von denen Quellen wissen. »Unterer Werd« hieß die kleine Ansiedlung, damals noch auf einer der vielen Donauinseln gelegen. Ilse Aichingers poetische Miniatur *Im Werd* erinnert an jene Zeiten und an das jüdische Erbe auf der Mazzesinsel, wie die Leopoldstadt auch heißt.

»Die Hochsee aus dem Ghetto, Springflut aus der Spitalstür, Wasser auf dem Stein. Hier umarmen sie einander, hier züngeln sie hoch auf, wenn alles klar ist, hier ist der Staub verschwiegen. Das Fest ist hier. Eure Enkel sind schon lange fort.

Kommt jetzt heraus, euch baut das Mittagslicht den Pier zurecht, auf dem ihr landen könnt, grüne Fliegen begrüßen euch im Namen der Küste. Die Verladebüros sind heute geschlossen, Sonnenflecken öffnen das fremde Land. Eure Enkel kommen nicht wieder.

Der Weg zur Auferstehung führt drei Gassen weiter an den Fluß hinab. Dort geht kaum einer, aber die alten Frauen haben doch Lavendel unter ihre Wäsche gelegt und violette Tücher in das Innere der Schränke.

Engel halten Nachschau.«

Nachschau, der Blick zurück: 1625 erlaubte Ferdinand II. den Juden, sich in dieser Gegend anzusiedeln. Im Unteren Werd entstand ein erstes Ghetto. Doch schon wenig später, 1669, wurden die Juden von Leopold I. wieder vertrieben. Erst nach 1782, als das Toleranzedikt Josephs II. in Kraft trat, siedelten sich wieder mehr Juden in Wien an. Viele von ihnen ließen sich im 2. Bezirk nieder. Die Freiheiten, die man ihnen zugestand, waren klein, trotzdem: Die jüdische Gemeinde wuchs. Besonders nach 1860 und zwischen 1915 und 1917 erlebte die Mazzesinsel einen großen Zuzug polnischer und galizischer Juden. Ein paar der breiten Straßen, wie Prater- oder Taborstraße, galten als großbürgerliches Wohngebiet, doch in den Seitengassen hauste die Armut. Die meisten der Flüchtlinge aus dem Osten waren mittellos. Auch Manès Sperber, 1905 im ostgalizischen Zablotów geboren, kam im Sommer 1916 mit seinen Eltern in die Wiener Leopoldstadt. In den *Wasserträgern Gottes*, seiner Autobiographie, beschreibt er jene Jahre als »radikale Verelendung«, eine einzige Misere. »Wie im Städtel stand die Tür bei uns immer offen, zu jeder Stunde gingen die Besucher ein und aus, selten kamen wir vor Mitternacht ins Bett. Die Kohle reichte gerade für die Beheizung eines einzigen Raumes, des kleinsten, des Kabinetts. Die Überfüllung dieses schmalen Halbzimmers tat der Geselligkeit keinen Abbruch. Man süßte den Tee, der immer dünner wurde, mit Sacharin und trank ein Glas nach dem anderen; man diskutierte zumeist heftig und stritt sehr selten, weil sich immer ein Witzwort einstellte, das rechtzeitig die Spannung lockerte.«

Joseph Roth, selbst Emigrant aus Galizien, hat die Leopoldstadt jener Jahre in einem seiner Feuilletons, *Juden auf Wanderschaft – Die westlichen Ghettos*, geschildert –

Im musikalischen Frühling: der Wiener Augarten

und mit ihr auch die vielen Gesichter des untergehenden Habsburgerreiches. »Die Leopoldstadt ist ein freiwilliges Ghetto. Viele Brücken verbinden sie mit den anderen Bezirken der Stadt. Über diese Brücken gehen tagsüber die Händler, Hausierer, Börsenmakler, Geschäftemacher, also alle unproduktiven Elemente des eingewanderten Ostjudentums. Aber über dieselben Brücken gehen in den Morgenstunden auch die Nachkommen derselben unproduktiven Elemente, die Söhne und Töchter der Händler, die in den Fabriken, Büros, Banken, Redaktionen und Werkstätten arbeiten.

Die Söhne und Töchter der Ostjuden sind produktiv. Mögen die Eltern schachern und hausieren. Die Jungen sind die begabtesten Anwälte, Mediziner, Bankangestellten, Journalisten, Schauspieler.

Die Leopoldstadt ist ein armer Bezirk. Es gibt kleine Wohnungen, in denen sechsköpfige Familien wohnen. Es gibt kleine Herbergen, in denen fünfzig, sechzig Leute auf dem Fußboden übernachten.

Im Prater schlafen die Obdachlosen. In der Nähe der Bahnhöfe wohnen die Ärmsten aller Arbeiter. Die Ostjuden leben nicht besser als die christlichen Bewohner dieses Stadtteils.

Sie haben viele Kinder, sie sind an Hygiene und Sauberkeit nicht gewöhnt, und sie sind gehaßt.

Niemand nimmt sich ihrer an. Ihre Vettern und Glaubensgenossen, die im ersten Bezirk in den Redaktionen sitzen, sind ›schon‹ Wiener und wollen nicht mit Ostjuden verwandt sein oder gar verwechselt werden. Die Christsozialen und Deutschnationalen haben den Antisemitismus als wichtigsten Programmpunkt. Die Sozialdemokraten fürchten den Ruf einer ›jüdischen Partei‹. Die Jüdischnationalen sind ziemlich machtlos. Außerdem ist die jüdischnationale Partei eine bürgerliche. Die große Masse der Ostjuden aber ist Proletariat. [...] Es ist furchtbar schwer, ein Ostjude zu sein; es gibt kein schwereres Los als das eines fremden Ostjuden in Wien.«

Die Gasse Im Werd mündet in den Karmelitermarkt, den Elfriede Gerstl in ihrem Bericht *Vom Speckjagen im 2. Bezirk* porträtiert hat. »Bis zwölf Uhr (Donnerstag, Freitag, Samstag) füllt den Platz ein lebhafter Bauernmarkt, u. a. mit einem Kräuterstandl, die Blumen sind sehr billig (von 10,– Schilling aufwärts), die Standlerinnen bringen Obst, Gemüse, Wein aus der Brünnerstraßengegend und geben auch ungefragt gerne Einkochtips. Zu den festen Buden zählt der Pepihacker (Pferdefleisch) sowie ein Türke, der von mir nur wegen des Fladenbrots aufgesucht wird. Ein von den mittlerweile zahlreichen Intellektuellen des Bezirks frequentierter Nobelgreißler mit Bio-Ware wird meist gegen zwölf Uhr mittags aufgesucht, um ein von Problembewußtsein zeugendes und die Anstrengungen des Vorabends wettmachendes Körndlfrühstück zu holen.«

Am Karmelitermarkt sind auch noch jene Spezialitäten der Wiener Küche zu bekommen, die man anderswo kaum mehr auf den Speisekarten oder Tellern findet: Nieren, Herz, Leber oder Hirn. Antonio Fians *Problemstück vom Hirnkauf* taucht ins Innere des menschlichen Körpers. »*(Freitag Vormittag. Eine ältere Frau mit Einkaufskorb auf dem Weg zum Karmelitermarkt.)* DIE FRAU *(Gedankenstimme)*: Hirn mit Ei ... Schnapsidee ... Aber unbedingt ... Einmal im Jahr Hirn mit Ei ... Muß sein ... Ich sag' ihm, ungesund, massenhaft Cholesterin, aber er, einmal im Jahr, da macht das nichts ... [...] Nierndln sind zwar gut, aber ich will Hirn mit Ei ... Vom Herrn Gernot ... Er hat keine Ahnung vom Herrn Gernot ... Von dem seinen Witzen ... Der is' ja nicht einfach ein Fleischhauer, der is' ein Schauspieler ... Ein Kabarettist is' der, ein Düringer des Metzgereiwesens ... Und dann kauf ich ein Hirn bei dem ... Ein Drama jedes Jahr ... Grüß Gott, ich brauchert ein Hirn ... So hat's angefangen. Denkt sich niemand was dabei ... Aber ein Herr Gernot: Soso, ein Hirn brauchen S'. Haben S' selber keins?«

Die Krummbaum- und Karmelitergasse ziehen durch ein Gewirr weiterer Gassen geradewegs auf die Taborstraße zu, die den Bezirk als prächtiger Boulevard durchschneidet und auf die Innenstadt zuläuft. Doch bevor wir die Donau überqueren, zweigt links die Praterstraße ab, einst die direkte Verbindung zwischen Stadt und Prater. Gleich am Beginn der Praterstraße, auf Nr. 16, wurde Arthur Schnitzler geboren. »Die Leopoldstadt war zu jener Zeit noch ein vornehmes und angenehmes Viertel«, schreibt er über seine *Jugend in Wien*, »und insbesondere ihre Hauptstraße, in der auch das Carltheater stand, wußte etwas von ihrem Glanz auch über die spärlichen Stunden hinaus zu bewahren, da in Equipagen und Fiakern die große, die elegante, die leichtlebige Welt von den Pferderennen oder von den Blumenfesten auf der ›Hauptallee‹ zurückgesaust kam.«

Das Carltheater in der Praterstraße 31 gehört zu Schnitzlers frühesten Kindheitserinnerungen. Eine Bühne gab es an diesem Ort schon sehr viel länger, das Leopoldstädter Theater, wo auch Ferdinand Raimund als Schauspieler, Regisseur und Theaterdirektor wirkte. 1838 wurde das Theater an C. Carl verkauft, dem es seinen neuen Namen verdankte. Etliche Stücke von Johann Nestroy, der zwischen

Mit dem Fiaker durchs alte Wien

1854 und 1860 als Prinzipal engagiert war, haben hier ihre Uraufführung erlebt, darunter *Die schlimmen Buben in der Schule* und *Freiheit in Krähwinkel.* 1929 wurde das Theater geschlossen, 1944 zerbombt, später abgerissen.

Über die Praterstraße gelangen wir zur Tempelgasse, wo dereinst die größte Synagoge Österreichs gestanden hat, der Leopoldstädter Tempel, zwischen 1854 und 1858 im maurischen Stil erbaut, 1938 im Novemberpogrom zerstört. Vier riesige Säulen erinnern heute an seine Ausmaße: Er bot 3700 Menschen Platz. Vor 1938 lebten in Wien mehr als 180 000 Juden. Einem Teil von ihnen, knapp 120 000, gelang die Flucht, alle anderen wurden ermordet. Mahnmale und Stolpersteine, über den ganzen Bezirk verstreut, lassen innehalten und machen die dunklen Seiten in Wiens Vergangenheit deutlich. Gleichzeitig ist zu spüren, wie das jüdische Leben zurückkehrt: koschere Supermärkte und Bäckereien, jüdische Buchhandlungen und Schulen, Zeitungen und Kulturvereine. Ängste bleiben. Robert Schindel kennt sie.

Vineta I

Ich bin ein Jud aus Wien, das ist die Stadt
Die heiße Herzen, meines auch, in ihrem Blinddarm hat
Die schönste Stadt der Welt direkt am Lethefluß
Ich leb in ihr, in der ich so viel lachen muß

Einst Welthauptstadt des Antisemitismus ist sie heute
Vergessenshauptstadt geworden. In ihr lachen Leute
Die für das nackte Leben grad genug Tränen haben
Sitzen in der Dunkelküche, eine halbe Welt geladen

Dies Wien liegt dennoch nicht im Österreiche
Und wer noch glaubt, daß diese Stadt, die herzensbleiche
Dem Land der Hauptwohnsitz ist vom schroffen
Alpenbunker
Der soll vom Transalpinen kommen da herunter
Möge uns geben den Devisenklunker
Und in der Hofburg riechen Österreichs beste Leiche

Ach diese Stadt ist nicht fürs Alpenglühen da
Sondern sie lebt, wie ich, längst in der Diaspora

Die Tempelgasse stößt auf einen kleinen Park, der nach Veza Canetti benannt ist. Eine Geste: Viel zu lange hat Veza im Schatten ihres Mannes Elias gestanden, erst seit einigen Jahren weiß man, welch eigenwillige Schriftstellerin sie gewesen ist.

Venetiana Taubner-Calderon wird 1897 in Wien geboren. Ihr Vater ist Kaufmann und entstammt einer Familie ungarischer Juden, die Mutter Rachel Calderon hat spaniolische Wurzeln und kommt aus Serbien. Veza wird Lehrerin und Übersetzerin und besucht regelmäßig die Vorlesungen von Karl Kraus. Dort begegnet sie im April 1924 dem erst neunzehnjährigen Elias Canetti. »Sie sah sehr fremd aus«, liest man im zweiten Band seiner Autobiographie, der *Fackel im Ohr*. »Eine Kostbarkeit, ein Wesen, wie man es nie in Wien, wohl aber auf einer persischen Miniatur erwartet hätte.« Veza wird Canettis Freundin, später seine Ehefrau. Anfang der dreißiger Jahre – Canetti brütet über der *Blendung* – beginnt sie selbst zu schreiben und veröffentlicht ihre Erzählungen unter verschiedenen Pseudonymen in der *Wiener Arbeiterzeitung*.

Veza Canetti ist im 2. Bezirk aufgewachsen, in der Ferdinandstraße 29. Sie hat das Treiben auf der Gasse mit großer Aufmerksamkeit beobachtet und im Roman *Die gelbe Straße* und etlichen Erzählungen literarisch verdichtet. »Es ist eine merkwürdige Straße. Es wohnen da Krüppel, Mondsüchtige, Verrückte, Verzweifelte und Satte. Dem gewöhnlichen Spaziergänger fallen sie nicht auf. Frau Maja hätte sie sehen können, aber sie versteckte ihre Augen.

Jetzt nicht mehr. Jetzt geht sie durch die Gelbe Straße und sieht sich um. Täglich fährt ein Kinderwagen vorbei. Es sitzt darin ein Kinderkörper mit einem Buckel und einem Greisenkopf. Die Beinchen hängen herunter wie bei einem Hampelmann. Die Insassin des Wagens ist über sich selbst so erschrocken wie die anderen, die sie sehen. Das Blut täuscht. Sie fühlt sich warm und jung. Sie zittert von Hoffnungen. Enttäuschungen haben sie ausgetrocknet, aber sie hofft noch immer. Das Blut täuscht. [...]

Jetzt fuhr sie an der jungen Frau vorbei und fing ihren Blick auf. Höhnisch verzog sie die Brauen.

Frau Maja ging weiter und sah Herrn Koppstein vor seinem Ledergeschäft stehen. Er wartete auf den Augenblick, um sie zu grüßen. Sie blickte weg. An jeder Hand führte sie ein Kind. Vor der Trafik stand die Trafikantin, stand in ratloser Unterwürfigkeit vor einem strengen Herrn. Der Herr sprach drohende Worte. Er hatte spröde Haare, spröde Nägel, spröde Finger.

Am Ende der Straße traf sie Herrn Kienast, einen Nachbarn. Er grüßte mild. Er war Tierarzt. Aber wenn ein Hund die Staupe hatte, mußte ein Kollege die tödliche Injektion machen. Die Kienasts hielten keine Magd, nur eine Bedienerin kam ins Haus, und wenn es dämmerte, wurde sie hastig weggeschickt. Oft mußte sie mitten im Scheuern gehen. Herr Kienast war nämlich mondsüchtig. Nachts schlich er durch alle Zimmer, tags war er bleich und mild wie der Mond.«

1938 fliehen die Canettis aus Wien und leben in Paris, später London. Unter dem Eindruck der Wiener Judenverfolgung beginnt Veza in England einen weiteren Roman, *Die Schildkröten*. Im Juli 1939 ist das Manuskript fertig, landet in einem englischen Verlag, wird sofort angenommen. Der Kriegsausbruch verhindert die Publikation. Sie habe darunter gelitten, ihre Manuskripte nicht publizieren zu können, bedauert der Ehemann. Irgendwann sei sie es leid gewesen, als Bittstellerin zu den Verlagen zu pilgern. Veza hat einen Teil ihrer Werke verbrannt und fortan geschwiegen, bis zu ihrem Tod im Mai 1963 – Selbstmord, wie man vermutet.

»Ich hatte sie auf jede Weise zum Schreiben ermuntert«, rechtfertigt sich Elias Canetti dafür, daß er fast drei Jahrzehnte wartet, ehe er sich dazu durchringt, für Vezas Œuvre einzutreten. »Ich lobte mit Überzeugung, was sie mir zeigte, und mußte es gegen sie verteidigen.« Seltsam. In seiner Autobiographie erwähnt er mit keinem Wort, daß seine Frau geschrieben hat. Noch kurz vor seinem Tod, im Sommer 1994, verbrennt er alle Briefe an und von Veza. Elias Canetti hat Veza eine Reihe seiner Bücher gewidmet, um damit »das überwältigende Maß an Dankbarkeit« auszudrücken, das er ihr schuldete. Veza Canetti hat für des Dichters Dankbarkeit bezahlt. Aber wie heißt eine ihrer Erzählungen? »Geduld bringt Rosen« – selbst wenn sie erst den folgenden Generationen geschenkt werden.

Über die Frucht-, Czernin- und Mayergasse geht es zurück zur Praterstraße, die im Praterstern mündet. Mitten am Platz das Denkmal für Wilhelm von Tegetthoff (1827 bis 1871), einen der Helden der k.u.k. Marine, berühmt durch die Seeschlacht bei Lissa und den Sieg über die Italiener. Gerhard Fritschs Gedicht über den *Praterstern* läßt das Gestern ins Heute lugen.

Praterstern

Regen auf Tegetthoff
an der Stehweinhalle vorbei
die Strähnchen Hurenhaar im Takt
der Trippelschuh Geplätscher
in den Spiegeln
geht ein fetter Hintern auf
der Mond über Lissa hängt tief
in verschüttetes Bier
schreibt eine Fliege umständlich
ihr Sterben

Direkt am Praterstern liegt der legendäre Nordbahnhof, das Tor zum Osten. Hier kamen die Züge aus Polen, Galizien und der Bukowina an – und mit ihnen jene Vielfalt an Religionen, Kulturen und Sprachen, die Wien ausmachen und des Wieners Identität so brüchig machen, so fragil. Glück, aber auch Dilemma, wie es die Ich-Erzählerin aus Eva Menasses *Vienna* erlebt: »daß ich keine klare Position bezog, weil ich zwei Seelen in meiner Brust habe, und nicht genug damit, lasse ich sie auch immer noch sprechen, alle beide, anstatt daß ich eine davon längst erwürgt hätte«.

Wer also sind sie wirklich, die Leopoldstädter, die Wiener? Mond über der Mazzesinsel, von Albert Drach: auch eine Antwort.

Bänkel von der Rasse des Mondes

Der Mond ist wohl vielleicht ein Jud.
Er hat den gelben Fleck im Blut.
Er schläft bei Tag, geht aus bei Nacht,
Wobei er sich sehr wichtig macht.

Bodenständig kann er nicht sein,
Statt wie der Hund an der Kette zu hängen,
Muß er sich dort droben ganz gemein
Dem lieben Gott aufdrängen.

Und was tut er dann im Vorrüberwandeln?
Wahrscheinlich mit den Sternen handeln
Und warum
Ist seine Sichel so krumm?

VI. Im Maul der Hölle

Ringelspiel, Geisterbahn und Pferdewetten:
der Prater

> i bin a ringlgschbüübsizza
> und hob scho sim weiwa daschlogn
> und eanare gebeina
> untan schlofzimabon fagrom ...
> *H. C. Artmann, blauboard 1*

Gefährliche Welt. Von einem Ringelspielbesitzer erzählt H. C. Artmann in seinem Gedicht *Blaubart 1*, der sieben Frauen erschlagen und ihre Gebeine unterm Schlafzimmerboden vergraben habe: Auftakt für den Lokalaugenschein im Prater. Gleich hinter dem Gelände des Nordbahnhofs geht's los, dort liegt der Wurstelprater, des Wieners ältestes und immer noch liebstes Vergnügungsviertel. Seine Geschichte läß sich auch im Pratermuseum erkunden.

Schon bald nachdem Joseph II. 1766 das einstmals kaiserliche Jagdgebiet für die Öffentlichkeit freigegeben hatte, siedelten sich dort erste kleine Betriebe an: Man stellte Karusselle, Schießbuden und Imbiß-Stände auf, auch ein Ringelspiel wurde eröffnet. Nach und nach kamen Theater, Wachsfigurenkabinette und ein Planetarium dazu, später allerlei Buden, in denen Schausteller ihre Künste vorführten und die Bevölkerung zur Begutachtung von Haarmenschen, siamesischen Zwillingen oder Liliputanern einluden. Den Wurstelprater jener Tage hat Adalbert Stifter in einem seiner Feuilletons beschrieben, *Der Prater*. »Auf dem Rasenplatz stehen die hölzernen Hütten der Menagerien, und auf riesengroßen Leinwänden sind die Ungeheuer noch fürchterlicher gemalt, als sie selbst drinnen zu schauen sind, und diese Gemälde und dies fremde Schreien und Pfeifen und Girren und Brüllen im Innern lockt die Leute, daß vor dem Eingange stets ein dichtes Gedränge ist und in den glänzenden Blicken der Kinder und der Landmädchen sich schon das lebhafte Verlangen malt, zu sehen, was denn drinnen ist. Auf dem Rasenplatz stehen auch noch Buden mit Früchten und Gebäck, ein Kroate mit Schwamm und Feuersteinen, ein Mann mit Spazierstöcken und einer mit einem Leierkasten und einem Hund darauf, der gar aufrecht stehen und mit dem Schwerte in seiner Pfote schultern kann. [...] Da sind alle möglichen Kosmo-, Pano-, Dioramen; alles, was je berühmt war, steht von Wachs in jener Hütte. Einer läßt sich sehen, weil er zu groß, ein anderer, weil er zu klein ist; einer frißt Feuer, ein anderer speit Seidenbänder, und auf der Brust eines dritten wird wie auf einem Amboß schrecklich gehämmert, und darunter schallt das Klopfen und Klingeln des Wurstels, der in seiner hohen, schmalen Bude eben wieder sein neues Spiel beginnt.«

Harmlose Vergnügungen? Das allemal, aber es ist mehr, wie schon Stifter erkennt: »Das ist echte gesunde Volkslust, die sich das Volk selber gibt und die ihm wohl bekommt; laß sie drollen und jubeln, und mitunter derb, denn diese da brauchen den Wein der Freude etwas stark und sauer, weil er die ganze folgende dumpfe Arbeitszeit nachhalten muß, die sie zu überstehen haben, bis wieder ein Fest kommt wie das heutige.«

Doch es sind nicht nur die sogenannten einfachen Leute, die sich hier amüsieren. »Wenn die Aristokraten sich eine Hetz machen wollen, spielen sie Volk und kommen in den Wurstelprater«, weiß Felix Salten. Das kann auch Arthur

Im Prater blüh'n wieder die Bäume: das Lusthaus

Schnitzler bestätigen. »[...] in den Wurstelprater geh ich heut«, nimmt sich Alfred von Wilmers aus der Erzählung *Die kleine Komödie* vor, »mich so recht encanaillieren. – Erstens mich vor'n Wurstel hinstellen, zuschauen, und wenn sie den Juden totschlagen, werd' ich eine Freud' haben wie ein Schneidergesell!* Und dann geh ich in den Velozipedzirkus, wo die käuflichen Damen mit den siebenfarbigen Strümpfen herumradeln – und dann gehe ich zum Wahrsager und zum Präuscher samt Extrakabinett. Und zum Calafatti.« Der Calafatti – neben Riesenrad und Watschenmann eines der Wahrzeichen des Praters: eine neun Meter hohe Figur eines Chinesen, einst Mast eines Ringelspiels, das sich im Besitz des Triestiner Zauberkünstlers und Gasthausbesitzers Basilio Calafatti befand. Seit 1854 war diese nunmehr freistehende Figur Wahrzeichen des Praters. Im April 1945 wurde sie zerstört, doch seit 1967 gibt es wieder einen Calafatti.

Mit der Entwicklung von Technik und Elektrizität wuchs auch das Angebot an Vergnügungen: 1896 wurde das erste Prater-Kino eingeweiht, seit 1897 dreht sich das Riesenrad, 1898 ging die erste elektrisch betriebene Grottenbahn in Betrieb. Ein Faszinosum für Kinder, wie auch Canetti in der *Geretteten Zunge* gesteht. Er hat zwischen 1913 und 1917 in Praternähe gewohnt. »Draußen vor der Grottenbahn, bevor die Fahrt begann, gab es das Maul der Hölle. Es öffnete sich rot und riesig und zeigte seine Zähne. Kleine Teufel steckten Menschen, die sie an Gabeln aufgespießt hatten, in dieses Maul, das sich langsam und unerbittlich

* Schnitzlers Zitat bezieht sich auf die Wiener Volksweisheit, wonach man den Kasperl/Wurstl nicht totschlagen kann. Den Antisemitismus im Wien seiner Tage hat Schnitzler schon früh gespürt und in ebenjenem Zitat bissig ausgestellt.

schloß. Aber es öffnete sich wieder, es war unersättlich, nie war es müde, nie hatte es genug, es war, wie Fanny, das Kindermädchen, sagte, Platz in der Hölle, um die ganze Stadt Wien und all ihre Menschen zu verschlingen.«

Kinderängste, Kinderträume. 1911, anläßlich der beginnenden Popularität des Flugzeugs, wurde im Prater das Aeroplankarussell aufgebaut. Mit ihm ist auch Franz Kafka geflogen – oder doch gefahren? W. G. Sebald hat Kafkas Prater-Besuch, der auch durch ein legendäres Foto – Kafka in einem Aeroplan – dokumentiert ist, in seiner Erzählung *Dr. K.s Badereise nach Riva* imaginiert: Es ist ein warmer Septembertag 1913, als Kafka, zusammen mit dem Kritiker Otto Pick und dem Dichter Albert Ehrenstein, mit der Straßenbahn Richtung Ringelrad und Geisterbahn aufbricht. »Auf dem Weg in den Prater empfindet er die Begleitung der beiden in zunehmendem Maße als eine Ungeheuerlichkeit, und auf dem Gondelteich fühlt er sich bereits vollends als ihr Gefangener. Daß sie ihn wieder an Land bringen, ist ein geringer Trost. Ebensogut hätten sie ihn mit einem Ruder erschlagen können.« Kurz darauf überreden ihn seine Begleiter auch noch, sich zum Scherz als Insaßen eines Aeroplans fotografieren zu lassen, der über das Riesenrad und die Votivkirche schwebt. Und ausgerechnet Kafka ist »zu seiner eigenen Verwunderung der einzige, der in dieser Höhe noch ein Lächeln zustande bringt«.

Im Laufe der Zeit ziehen immer neue Attraktionen in den Prater ein. Hochschaubahn, Autodrom, Liliputbahn. Und heute? Alles scheint möglich, was die Technik hergibt. Auch Elfriede Jelinek weiß Herz und Nieren des Praters in der *Klavierspielerin* pointiert zu sezieren. »Jetzt der Wurstelprater, Lichter blitzen fern auf und jagen rasch dahin. Schüsse knallen, Stimmen grölen siegreich. Jugendliche kreischen gemeinsam mit ihren Kampfgeräten in den Spielhallen oder rütteln schweigend an Apparaten, die dafür ihrerseits umso lauter rattern, klingeln und klirren und Blitze schleudern. Dieses Treiben läßt Erika entschlossen hinter sich, bevor sie es überhaupt an sich herangelassen hat. Die Lichter tappen kurz mit den Fingern nach Erika, finden keinen Halt, wischen ihr fahrig übers Haar, das mit einem Seidentuch zugedeckt ist, rutschen ab, ziehen eine bedauernde nasse Farbspur ihren Mantel entlang und fallen dann hinter ihr zu Boden, wo sie im Schmutz sterben. Knallend zerren Kleinexplosionen an ihr, doch auch sie müssen Erika vorbeilassen, ohne daß sie ihr ein Loch reißen können. Sie vermögen Erika nicht anzulocken, eher abzustoßen. Das Riesenrad ist ein großes Rad aus schütteren Einzellichtern. Es überragt alles. Doch es hat Konkurrenz in den ebenfalls, wenn auch viel greller erleuchteten Berg- und Talfahrten, über die schrill heulenden Winzigwagen mit vor der Gewalt der Technik angstvoll schrill heulenden Mutigen rasen, die sich anklammern. Unter einem nichtigen Vorwand auch an der Begleiterin. Das ist nichts für Erika. Sie will alles andere als beklammert werden. Wattig grüßt ein erleuchtetes Gespenst am Wipfel der Geisterbahn vor sich hin, es kann keinen Hund mehr hinter dem Ofen hervorlocken, höchstens noch vierzehnjährige Mädchen mit ihren ersten Freunden, die noch mit dem Schrecken der Welt kätzchenartig herumspielen, bevor sie selbst ein Teil des Schreckens werden.«

Achterbahn, Düsenklipper, Spielhöllen. Da kann einem leicht schlecht werden. Und wenn man dann nicht mit dem Essen aufpaßt? Einmal mehr Elfriede Jelineks *Klavierspielerin*: »Im Wiener Wurstelprater pflanzen bis an den Rand mit Schweinsbraten, Knödeln, Bier oder Wein vollgefüllte Eltern ihre ebenso aufgefüllte Brut in die Töpfe oder auf die bunt lackierten (Plastik)Pferdchen, Elefanten, Autos, bösen Drachen hinein oder hinaus, und das in Drehung versetzte Kind speit das ihm vorher mühsam Eingeschaufelte wieder heraus.« Und in der Tat: Essen im Prater – ein Thema für sich. In der Straße-des-Ersten-Mai 116 gilt das Schweizerhaus der Familie Kolarik mit seinen gebratenen Stelzen und dem Budweiser Bier als Wiener Institution. Ernst Jandl hat ihm eine Hymne eigener Art gewidmet.

prater: schweizerhaus

nicht ungern sitzt im schweizerhaus
der mann der sich mit saus und braus
ins leben will stürzen ohne ungemach
auch wenn er sonst schon sehr brach-
liegt als eine folge des alterns
wen hätte es denn ausgelassen
doch muß man darob die jungen hassen
nein sagte der mann in sein budweiser bier
das hergebracht haben kolarik und buben
nein man soll den tag nicht vor dem abend
loben aber auch nicht verdammen
besonders die armen die dieses glück
der stelzen, karpfen und cevapcici
von darmes wegen nicht genießen dürfen

Wer genug hat von allem dem Lärm und Treiben im Wurstelprater, wird das Grün suchen – und damit den eigentlichen Prater mit seinen riesigen Wiesen und Wäldern: eines der größten Naherholungsgebiete, das die Stadt zu bieten hat, durchkreuzt von der Prater Hauptallee, die wir nun entlang wandern. Robert Stolz, der Prater und die blühenden Bäume: ein Klischee. Alfred Polgar – auch er ein Leopoldstädter und in der Unteren Donaustraße 33 geboren – hat der *Kastanie* ein eigenes Feuilleton gewidmet. »Die Hauptallee des Praters gehört dem Kastanienbaum, lateinisch Aesculus hippocastanum. [...] Er ist der repräsentative Wiener Baum: er blüht weißrot, seine Fruchtschale trägt ganz weiche Stacheln, und seine Früchte sind ungenießbar. Sie sehen aus wie Mahagonimöbel-Extrakt. Wenn der Kastanienbaum nicht so gewöhnlich wäre, würd' er über alle Maßen ungewöhnlich sein. Wenn er sich nicht gemein machte, würde man Entree zahlen, ihn zu sehen.«

Ganz anders klingt die Beschreibung des Praters bei Theodor Adorno in seiner *Parva Aesthetica – Ohne Leitbild*. »Wiener Melancholie 1967: daß es keine Wiener Melancholie mehr gibt. Das spürt man am deutlichsten im Prater. Er wahrhaft hat seinen Duft verloren, und es ist nicht leicht zu sagen, warum. Vielleicht, weil, was ihm im Krieg widerfuhr, so wenig verheilte wie im Berliner Tiergarten – ein Gefühl des Abgeholzten bleibt, obwohl die Bäume nachwachsen.«

Und doch: Der Prater mit seinen vielen Winkeln und Ecken, mit den Wiesen, wo die türkischen Familien lagern und ihre Lammkoteletts grillen, wo man Fußball spielt und Musik macht, wo die Praterhuren ihre Dienste anbieten und Liebespaare im Dickicht verschwinden, hat wieder an Charme gewonnen. Auf der Hauptallee und den zahlreichen Nebenwegen treffen sich die Spaziergänger und Jogger, Radfahrer und Skater. Marlene Streeruwitz schickt *Jessica, 30* zum Laufen. Ihre Gedanken machen sich dabei selbständig, der Alltag zieht an ihr vorbei. »... Alles wird gut, ich muß nur die Praterhauptallee hinauf- und hinunterrennen und dann ist alles wieder gut, dann kann ich das Schokoeis von heute Nacht und das Essen von Weihnachten vergessen und daß ich nicht geschlafen habe, wegen dem Gerhard, obwohl ich das gar nicht will und es gar keinen Grund gibt, den so ernst zu nehmen, aber beim Laufen dann, dann brauche ich an nichts zu denken, und bei der Kälte vergeht einem auch noch jeder Wunsch, ich möchte nicht, eigentlich möchte ich gar nicht, überhaupt nicht, ich möchte in der Badewanne liegen und warmes Wasser um die Haut und nur daliegen und nicht bewegen ...«

Andere lassen laufen: Auch die Galopprennbahn in der Freudenau, gut fünf Kilometer vom Wurstelprater entfernt, ist seit gut 150 Jahren ein Magnet. Im Jahr 1858 werden die ersten Tribünen eingeweiht, die nach Entwürfen des Ringstraßenarchitekten Carl von Hasenauer gebaut worden sind. Die Anlage mit ihren Treppen, Türmchen und Veranden steht längst unter Denkmalschutz. Ein leicht verstaubtes, aber faszinierendes Ambiente, Schauplatz der Erzählung *Phantastische Nacht* von Stefan Zweig. »Der Wagen hielt vor dem Rennplatz. Ein dumpfes Brausen schlug mir entgegen. Wie ein Meer scholl es dumpf und hohl hinter den aufgestuften Tribünen, ohne daß ich die bewegte Menge sah, von der dieses geballte Geräusch ausging, und unwillkürlich erinnerte ich mich an Ostende, wenn man von der niederen Stadt die kleinen Seitengassen zur Strandpromenade emporsteigt, schon den Wind salzig und scharf über sich sausen fühlt und ein dumpfes Dröhnen hört, ehe dann der Blick hingreift über die weite großschäumige Fläche mit ihren donnernden Wellen. Ein Rennen mußte gerade im Gang sein, aber zwischen mir und dem Rasen, auf dem jetzt wohl die Pferde hinflitzten, stand ein farbiger dröhnender, wie von einem inneren Sturm hin und her geschüttelter Qualm, die Menge der Zuschauer und Spieler. Ich konnte die Bahn nicht sehen, spürte aber im Reflex der gesteigerten Erregung jede sportliche Phase.«

Auf dem Rückweg mag man einen der vielen Seitenwege nehmen. Dort ist man für sich, in einem kleinen Stück Wildnis. Paul Celan zum Abschluß.

Bahndämme, Wegränder, Ödplätze, Schutt

Lichtgewinn, meßbar, aus
Disteländlichem:
einiges
Rot, im Gespräch
mit einigem Gelb.
Die Luftschleier vor
deinem verzweifelten Aug.
Das letzte
reitende Sandkorn.

(Die
Augärten, damals, das
gelächelte Wort
vom Marchfeld, vom
Steppengras dort.
Das tote Ringelspiel, kling.
Wir
drehten uns weiter.)

Der Sandkornritt, das
Auge, ihm zugewandt.
Die Stundentür und
ihre Geräusche.

VII. Wenn sich der Stein zu blühen bequemt

Vom Stadtpark über die Landstraße
ins Belvedere und Arsenal

Dunkle Tunnel, Fluten von Wasser, wilde Verfolgungsjagden unter Tag: Viele kennen den Stadtpark und das darunter liegende Kanalnetz aus dem Film. *Der dritte Mann* von Carol Reed, entstanden nach einem Drehbuch von Graham Greene, steigt in die Wiener Unterwelt ab. Und wer sich kundig leiten läßt, kann auch heute noch der Stimmung dieses Streifens nachspüren. Direkt vor dem Stadtpark – so auch der Titel des Gedichtes von Albert Paris Gütersloh – und neben der U-Bahnstation in der Johannesgasse beginnt unser Spaziergang (und dort wäre auch der Start für die geführten Touren in die Wiener Unterwelt).

Vor dem Stadtpark

Wie eine zusammengerollte Matte
steht ferne schon der Regen.
Kaum schlägt noch ein träufender Flügel
ans entrückte Gebirg.
Jungfräulich Blau sendet
der nahe Himmel nieder,
und der laubgetränkte Anblick des Parks
ist wieder schön.

Der Weg führt uns durch die Johannesgasse in den 3. Bezirk, Landstraße, wie er auch heißt. Früher lebten hier viele Bauern, dazu Flecksieder, Rot- und Weißgerber, und es gab fleischverarbeitende Betriebe. Dazwischen lagen die Som-

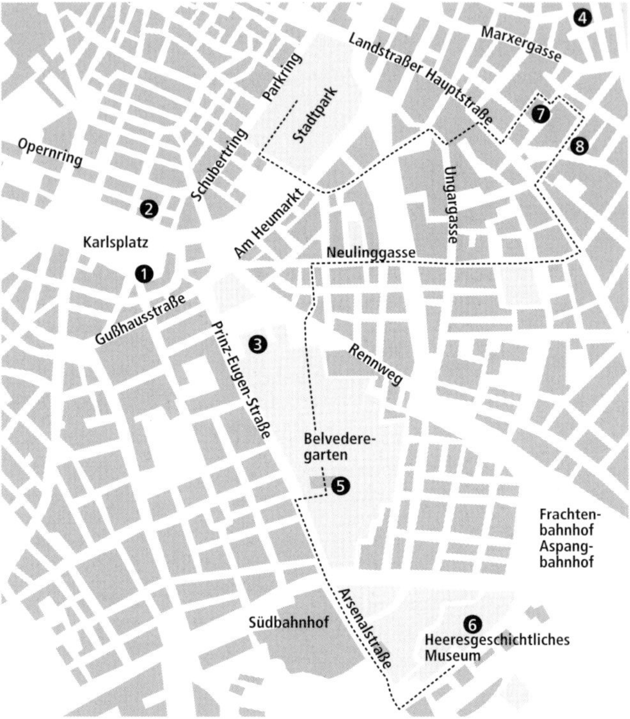

Stadtpark – Johannesgasse – Beatrixgasse – Ungargasse – Durchhaus Sünnhof – Landstraßer Hauptstraße – Salmgasse – Rasumofskygasse – Geusaugasse – Kundmanngasse – Landstraßer Hauptstraße – Neulinggasse – Marokkanergasse – Belvedere – Park/Schloß – Prinz-Eugen-Straße – Arsenalstraße – Ghegastraße – Heeresgeschichtliches Museum [1] Karlskirche [2] Musikverein [3] Palais Schwarzenberg [4] Hundertwasserhaus [5] Oberes Belvedere [6] Heeresgeschichtliches Museum [7] Musil-Wohnung [8] Wittgenstein-Haus

mersitze von Adel und Klerus, allen voran das Belvedere, Sommerpalast des Prinzen Eugen, und die Palais der Familien Schwarzenberg, Rasumofsky oder Metternich.

Die Beatrixgasse, in die wir nunmehr einbiegen, gehört zu den unauffälligen Straßen. Auch das Haus Nr. 26 ist äußerlich nichts Besonderes. Eine Tafel erinnert an Ingeborg Bachmann, die hier zu Beginn ihres Studiums, im September 1946, ein Untermietzimmer bezogen hat. In jenen Jahren, da sie dort wohnte und studierte, schrieb sie Erzählungen und Gedichte, aber auch einen ersten Roman, die *Stadt ohne Namen*. Nur das erste Kapitel davon ist überliefert.

Die Beatrixgasse läuft geradewegs auf die Ungargasse zu, vorbei am Haus Nr. 18, wo Adalbert Stifter zwischen 1837 und 1839 gelebt hat. Hier entstanden, neben der Erzählung *Feldblumen*, auch seine Gemälde *Wiener Vorstadthäuser* und *Blick über die Beatrixgasse in Wien* (heute in der Österreichischen Galerie im Belvedere und in den Stifter-Gedenkräumen in der Nußdorfer Straße 54 zu sehen). Daß die Ungargasse zu literarischem Weltruhm gekommen ist, verdankt sie Ingeborg Bachmann. Ihr Roman *Malina* hat das Ungargassenland, wie sie es nennt, auf vielfältigen Wegen durchkämmt. Es gebe schönere Gassen in Wien, gesteht die Autorin, »aber die kommen in anderen Bezirken vor, und es geht ihnen wie den zu schönen Frauen, die man sofort ansieht, mit dem schuldigen Tribut, ohne je daran zu denken, sich mit ihnen einzulassen«.

Malina, dieses radikale poetische Protokoll der Zerstörung eines weiblichen Ichs durch das männliche Prinzip, ist als Dreiecksgeschichte angelegt, die auf engstem Raum spielt: Malina und die Ich-Erzählerin leben in der Ungargasse 6, schräg gegenüber, auf Nr. 9, wohnt Ivan, der Geliebte. »[...] denn der Ort ist im großen und ganzen Wien, daran ist noch nichts sonderbar, aber eigentlich ist der Ort nur eine Gasse, vielmehr ein kleines Stück von der Ungargasse, und das hat sich daraus ergeben, daß wir alle drei dort wohnen, Ivan, Malina und ich. Wenn man die Welt vom III. Bezirk aus sieht, einen so beschränkten Blickwinkel hat, ist man natürlich geneigt, die Ungargasse herauszustreichen, über sie etwas herauszufinden, sie zu loben und ihr eine gewisse Bedeutung zu verleihen. Man könnte sagen, sie sei eine besondere Gasse, weil sie an einer fast stillen, freundlichen Stelle am Heumarkt beginnt und man von hier aus, wo ich wohne, den Stadtpark sehen kann, aber auch die bedrohliche Großmarkthalle und das Hauptzollamt. Noch sind wir zwischen würdigen, verschlossenen Häusern, und erst kurz nach Ivans Haus, mit der Nummer 9 und den beiden Löwen aus Bronze am Tor, wird sie unruhiger, ungeordneter und planloser, obwohl sie sich dem Diplomatenviertel nähert, es aber rechts liegen läßt und wenig Verwandtschaft mit diesem ›Nobelviertel‹ – wie es vertraulich heißt – von Wien zeigt. Mit kleinen Kaffeehäusern und vielen alten Gasthäusern macht sie sich nützlich, wir gehen zum Alten Heller, dazwischen gibt es eine brauchbare Garage, Automag, die auch sehr brauchbare Neue Apotheke, eine Tabaktrafik auf der Höhe der Neulinggasse, nicht zu vergessen die gute Bäckerei an der Ecke Beatrixgasse und zum Glück die Münzgasse, in der wir unsre Autos parken können, auch wenn sonst nirgends mehr Platz ist. Streckenweise etwa auf der Höhe des Consolato Italiano, mit dem Instituto Italiano di Cultura kann man ihr ein gewisses Air nicht absprechen, und doch hat sie nicht zuviel davon, denn spätestens beim Heranrollen des O-Wagens oder bei einem Blick auf die ominöse Garage für Postautos, an der zwei Tafeln sich nicht aussprechen und kurz sagen ›Kaiser Franz Josef I. 1850‹ und ›Kanzlei und Werkstätte‹, vergißt man ihre Anstrengungen, sich zu nobilitieren, und sie erinnert an ihre ferne Jugend, an die alte Hungargasse, in der die aus Ungarn einreisenden Kaufleute, Pferde-, Ochsen- und Heuhändler hier ihre Herbergen hatten, ihre Einkehrwirtshäuser, und so verläuft sie nur, wie es amtlich heißt, ›in großem Bogen Richtung Stadt‹. Im Beschreiben ihres großen Bogens, den ich an manchen Tagen vom Rennweg herunterfahre, hält sie mich auf, mit immer neuen Einzelheiten, beleidigenden Neuerungen, Geschäften, die heißen Modernes Wohnen, die mir aber wichtiger sind als alle über sie triumphierenden Plätze und Straßen der Stadt.«

Ingeborg Bachmann hat *Malina* 1971 veröffentlicht, als sie schon lange nicht mehr in Wien lebte. Und doch reicht der Roman in jene Jahre zurück, da sie als Studentin im 3. Bezirk gewohnt hat. In jene Zeit fällt auch ihr erstes Treffen mit Paul Celan. Ihr Zimmer sei nun »voll mit Mohnblumen«, schreibt sie ihren Eltern über diese Begegnung. Celan ist Ende 1947 nach Wien gekommen. Im Rumänien des sozialistischen Realismus sah er als deutschsprachiger Dichter keine Möglichkeiten und flüchtete aus Bukarest. Nach einer schwierigen Reise durch das winterliche Ungarn erreichte er Wien.

Celan arbeitet bei einer Ausstellung über den surrealistischen Maler Edgar Jené mit und schließt Freundschaft mit Autoren wie Milo Dor und Reinhard Federmann – in deren Roman *Internationale Zone* Celan als Petre Margul wiederauftaucht – und Klaus Demus. Und doch kann er sich in dieser Stadt nicht verwurzeln, zu stark meint er hier das Erbe der NS-Zeit zu spüren. Um so wichtiger wird ihm die Verbindung mit Ingeborg Bachmann, die in jener Zeit an ihrer Dissertation über Heidegger arbeitet. Sie war sich der Schwierigkeit sehr wohl bewußt, literarisch in einer Sprache zu Hause zu sein, die gerade erst dem Faschismus gedient hatte.

In Celans Wiener Monaten entsteht eine Reihe von Gedichten, fast alle an Ingeborg Bachmann gerichtet. So auch *Corona*, das an Rainer Maria Rilkes *Herbsttag* anknüpft:

Corona

Aus der Hand frißt der Herbst mir sein Blatt; wir
sind Freunde.
Wir schälen die Zeit aus den Nüssen und lehren sie gehn:
die Zeit kehrt zurück in die Schale.

Im Spiegel ist Sonntag,
im Traum wird geschlafen,
der Mund redet wahr.

Mein Aug steigt hinab zum Geschlecht der Geliebten:
wir sehen uns an,
wir sagen uns Dunkles,
wir lieben einander wie Mohn und Gedächtnis,
wir schlafen wie Wein in den Muscheln,
wie das Meer im Blutstrahl des Mondes.

Wir stehen umschlungen im Fenster, sie sehen uns zu
von der Straße:
es ist Zeit, daß man weiß!
Es ist Zeit, daß der Stein sich zu blühen bequemt,
daß der Unrast ein Herz schlägt.

Es ist Zeit, daß es Zeit wird.

Es ist Zeit.

Malina ist häufig auf Paul Celan hin durchforstet worden. Motive aus seinen Gedichten klingen, stark verfremdet, immer wieder an. Eine der am häufigsten zitierten Passagen des Romans ist die Legende von den *Geheimnissen der Prinzessin von Kagran* (Kagran ist ein Wiener Bezirk). Sie wird als poetischer Niederschlag von Ingeborg Bachmanns Verbindung zu Paul Celan gelesen: der geheimnisvolle Fremde, der zugleich Dichter und Sänger ist und die junge Frau allein durch seine Stimme berauscht, das Dunkel zwischen den beiden, die Anspielungen auf Celans Gedichte aus *Mohn und Gedächtnis*. »Tief in der Nacht, da meinte sie, eine Stimme zu hören, die sang und sprach nicht, die raunte und schläferte ein, dann aber sang sie nicht mehr vor Fremden, sondern klang nur noch für sie und in einer Sprache, die sie bestrickte und von der sie kein Wort verstand. Trotzdem wußte sie, daß die Stimme ihr allein galt und nach ihr rief. Die Prinzessin brauchte die Worte nicht zu verstehen. Bezaubert stand sie auf und öffnete ihr Zelt, sie sah den unendlichen Himmel Asiens, und von dem ersten Stern, den sie erblickte, fiel eine Sternschnuppe herab. Die Stimme, die zu ihr drang, sagte ihr, sie dürfe sich etwas wünschen, und sie wünschte es sich von ganzem Herzen. Vor sich sah sie plötzlich, in einen langen schwarzen Mantel gehüllt, einen Fremden stehen, der nicht zu den roten und blauen Reitern gehörte, er verbarg sein Gesicht in der Nacht, aber obwohl sie ihn nicht sehen konnte, wußte sie, daß er um sie geklagt und für sie voller Hoffnung gesungen hatte, mit einer nie gehörten

Oase hinter Taxushecken: das Belvedere und sein Park
Barocke Freuden und Lüste im Park des Belvedere

Stimme, und daß er gekommen war, um sie zu befreien. Er hielt ihren Rappen am Zügel, und sie bewegte leise die Lippen und fragte: Wer bist du? wie heißt du, mein Retter? wie soll ich dir danken? Er legte zwei Finger auf seinen Mund, das erriet sie, er hieß sie schweigen, er bedeutete ihr, ihm zu folgen, und schlug seinen schwarzen Mantel um sie, damit niemand sie sehen konnte.«

»Ich blieb nicht lange«, sagte Celan Jahre später über seine sechs Monate in Wien, »ich fand nicht, was ich zu finden gehofft hatte.« Keine Aussicht auf Fortsetzung seines Studiums, keine auf eine angemessene Arbeit. Im Juli 1948 reist er über Innsbruck, wo er Trakls Grab besucht, nach Paris. Ingeborg Bachmann folgt ihm im Herbst 1950, doch das Zusammenleben erweist sich als unmöglich: »Weil wir aus unbekannten, dämonischen Gründen uns gegenseitig die Luft wegnehmen.« Ende der fünfziger Jahre flammt die Liebesbeziehung ein weiteres Mal auf, um neuerlich zu enden. Allein der literarische Dialog zwischen den beiden bricht bis zu Celans Tod im April 1970 – er ertränkt sich in der Seine – nicht ab. »Mein Leben ist zu Ende«, heißt es in *Malina*, »denn er ist auf dem Transport im Fluß ertrunken, er war mein Leben. Ich habe ihn mehr geliebt als mein Leben.«

Von der Ungargasse 9, Ivans Haus mit den beiden bronzenen Löwen, geht es weiter stadtauswärts, bis bei Nr. 13 der Sünnhof abzweigt und uns durch ein sogenanntes Durchhaus aus dem Biedermeier zur Landstraßer Hauptstraße bringt. Gleich gegenüber, auf Nr. 31, stand dereinst der Gasthof *Zur goldenen Birne*, berühmt für seine gute Küche, die auch von Adalbert Stifter und Nikolaus Lenau geschätzt wurde. Sein bis heute andauernder Ruhm verdankt sich einer literarischen Fußnote, einer Anekdote aus dem Leben des Honoré de Balzac. Im Mai 1835 mietet sich der französische Dichter in der *Goldenen Birne* ein. Ein paar Häuser weiter, im Palais Salm in der Salmgasse, logiert indes seine Geliebte, die polnische Gräfin Evelina von Hanska. Sie ist verheiratet. Die Affaire mit Balzac, ihrem späteren Ehemann, muß also geheim bleiben. Da aber Graf Hanska seine Gattin rund um die Uhr observiert, reist Balzac nach achtzehn Tagen wieder ab, enttäuscht und verbittert: »Nicht eine Stunde, nicht eine Minute gehörte wirklich uns!« Was von dieser Geschichte geblieben ist? Eine Tafel. »Hier wohnte 1835 Honoré de Balzac, der Dämonie der Liebe und des Geldes Dichter.«

Robert Musil, der zwischen Juli und November 1920 in einer Arme-Leute-Wohnung in der Ungargasse lebte, hat der *Goldenen Birne* zu literarischen Ehren verholfen, indem er sie zum Schauplatz seiner Erzählung *Der Vorstadtgasthof* gemacht hat.

Ein paar Häuser weiter zweigt die Salmgasse ab, die Barbara Frischmuth in ihrer Erzählung *Mein und Musils Nachbar* entlangschlendert. »Ich würde gern in der Salmgasse wohnen. Die Salmgasse ist eine verwunschene Gasse, J-förmig und im dritten Wiener Gemeindebezirk. Besonders im unteren Drittel, im J-Bogen, gibt es ein paar schönbrunnergelbe Häuser, massiv gebaut und mit ganz schlichten Fassaden. Aber dahinter ...

Neulich stand eines der Fenster offen – die Maurer, die den Verputz erneuerten, gingen aus und ein – und ich trat in den Innenhof. Glasveranden, Bäume, ein Garten, schmiedeeiserne Balkone, mit einem Wort: fast alles, was man mitten in der Stadt nicht vermutet.

Seither wohne ich im Geist in der Salmgasse, und wenn es sich irgendwie einrichten läßt, mache ich den Umweg durch das J bis zur nächsten Straßenbahnhaltestelle. Um die Ecke, in der Rasumofskygasse, hat übrigens Musil viele Jahre lang gewohnt, und der Garten, in dem Agathe und Ulrich ... aber so genau will ich es gar nicht wissen.«

Und wenn man's nun doch genauer wissen möchte: Das Palais Salm in der Salmgasse 2 ist für Musil-Jünger ein magischer Ort. Das verwunschene Anwesen soll dem Dichter als Vorbild für das Haus des Romanhelden gedient haben. »Das war ein teilweise noch erhaltener Garten aus dem achtzehnten oder gar aus dem siebzehnten Jahrhundert, und wenn man an seinem schmiedeeisernen Gitter vorbeikam, so erblickte man zwischen Bäumen, auf sorgfältig geschorenem Rasen etwas wie ein kurzflügeliges Schlößchen, ein Jagd- oder Liebesschlößchen vergangener Zeiten. Genau gesagt, seine Traggewölbe waren aus dem siebzehnten Jahrhundert, der Park und der Oberstock trugen das Ansehen des achtzehnten Jahrhunderts, die Fassade war im neunzehnten Jahrhundert erneuert und etwas verdorben worden, das Ganze hatte also einen etwas verwackelten Sinn, so wie übereinander photographierte Bilder; aber es war so, daß man unfehlbar stehen blieb und ›Ah!‹ sagte. [...] Und wenn das Weiße, Niedliche, Schöne seine Fenster geöffnet hatte, blickte man in die vornehme Stille der Bücherwände einer Gelehrtenwohnung. Diese Wohnung und dieses Haus gehörten dem Mann ohne Eigenschaften.«

Verführerisch, das Palais Salm samt dazugehörigem Garten als Inspirationsquelle zu sehen: Robert Musil hat zwischen November 1921 und August 1938 im Haus direkt gegenüber gelebt, in der Rasumofskygasse 20, und hat hier einen Gutteil des *Mann ohne Eigenschaften* geschrieben. Seine Wohnung im zweiten Stock des Hauses ist nicht zugänglich. Eine Etage tiefer allerdings hat sich die Grazer Autorenversammlung eingemietet, neben dem Pen-Club die wichtigste Autorenvereinigung Österreichs. Das hinterste Zimmer ist als Musil-Gedenkraum eingerichtet, mit Möbeln aus den zwanziger Jahren. Ein großer Schreibtisch steht so im Raum, wie er dereinst ein Stockwerk höher gestanden sein dürfte. Der erste Weg führt zum Fenster: Palais Salm, Palais Rasumofsky ziehen die Blicke an. Alles Weitere liegt in den Laden der Vergangenheit verschlossen.

Zurück auf der Straße würde die Verlängerung der Rasumofskygasse Richtung Donaukanal in die Löwengasse und zum Hundertwasserhaus führen. Dort ist auch das Kunsthaus mit ständig wechselnden Ausstellungen untergebracht. Unser Weg aber geht durch die Geusaugasse in die Kundmanngasse 19 zu einem weißen Kubus, dem Wittgenstein-Haus. Margaret Stonborough, älteste Schwester des Philosophen Ludwig Wittgenstein und als Fin de Siècle-Schönheit von Klimt gemalt, gab den Entwurf des Hauses bei Paul Engelmann in Auftrag. Eine großzügige Villa sollte auf dem 3000 Quadratmeter großen Grundstück entstehen. Gleichzeitig schlug sie vor, ihren Bruder in die Planung einzubeziehen. Ludwig Wittgenstein stürzte sich mit Feuereifer in dieses Projekt, wie seine Schwester berichtete: Er habe jedes Fenster, jede Tür, jeden Riegel der Fenster mit einer Genauigkeit gezeichnet, als wären es Präzisionsinstrumente. 1928 zog die Familie Stonborough in ihr Anwesen ein, mußte allerdings 1940 emigrieren und ihren Besitz zurücklassen. Das Haus, inzwischen unter Denkmalschutz, wurde 1975 von der bulgarischen Botschaft übernommen. Es wirke »in der harmonisierenden und verspielten Wiener Szene wie ein geschliffener Kristall«, meint Friedrich Achleitner. Er sehe das Gebäude als große, leere Schachtel, schreibt Claudio Magris über *Wittgensteins Haus.* »Die geometrische Rationalität dieser architektonischen Formen, die der Philosoph, der so unerbittlich die Möglichkeiten und Grenzen des Denkens erforscht hat, so verwirklicht haben wollte, läßt nunmehr in einer kalten, leeren Epiphanie eine solche Nutzlosigkeit erkennen, daß es einem das Herz zusammenschnürt. Man fragt sich, was Wittgenstein mit diesem Gebäude beabsichtigt hat, ob er ein Haus bauen oder die Unmöglichkeit eines wirklichen Hauses – dessen, was einst Heimstätt genannt wurde – hat erbringen wollen.«

Die Kundmanngasse endet wieder an der Landstraßer Hauptstraße, der wir stadtauswärts folgen, bis die Neulinggasse abzweigt. Sie führt am Arenbergpark vorbei – auffallend die beiden Flaktürme – und kreuzt zuerst die Ungargasse, dann mehrere Bahnschienen.

Von hier aus sind die goldenen Kuppeltürmchen der russisch-orthodoxen Kirche zum Heiligen Nikolaus zu sehen. An der Kreuzung Neulinggasse-Reisnerstraße lädt das Hofmannsthal-Haus ein, den Dichter und seine vielfältige Zusammenarbeit mit Komponisten seiner Zeit besser kennenzulernen. An der Marokkanergasse biegt unser Weg nach links ab und stößt am Rennweg auf eine hohe Mauer. Dahinter liegt das Belvedere mit seinem Park, zu betreten durch den Eingang am Rennweg Nr. 6a. Vorbei am Museum für mittelalterliche und barocke Kunst betritt man den Park, in dem Hugo von Hofmannsthals *Prolog zu dem Buch ›Anatol‹* von Arthur Schnitzler spielen könnte. »Hohe Gitter, Taxushecken, / Wappen nimmermehr vergoldet, / Sphinxe, durch das Dickicht schimmernd … / … Knarrend öffnen sich die Tore.«

Und hinter den Toren? Der Blick aufs Schloß Belvedere, auf jenen Teil des imperialen Wien, der einem zeigt, welche Rolle man in dieser k. u. k. Welt zugewiesen bekommt: die einer »Schachfigur zwischen den steinernen Kulissen der Macht«, wie es bei Cees Nooteboom heißt. In seiner Reiseerzählung über die *Hauptstadt von Kakanien* führt ihn ein Spaziergang vom Unteren Belvedere durch den Park mit seinen Sphinxen. »Ich gehe einen langsam ansteigenden Weg hinauf mit hochglanzpolierten Rasenflächen und zu Dreiecken gestutzten Zwergbäumchen zu beiden Seiten, die *bêtise* der Symmetrie. Ein gestutzter Baum verhält sich zu einem echten Baum wie ein Pudel zu einem Wolf, und mag die *bêtise* auch noch so beruhigend und der versuchte Ausdruck von Rationalität sein (ein interessanter Gegenstand, aber die Ratio kann dumm sein oder zumindest so aussehen), so ist es doch langweilig, durch einen Wald von Pudeln zu gehen. Um jede Rasenfläche vier Lollys, daneben anmutige Standbilder barocker Frauen, die die Künste und Wissenschaften verkörpern. Vor der schönsten bleibe ich stehen. Trotz des körnigen Steins, aus dem sie geschaffen wurde, hat sie noch etwas Geiles an sich. Mollige Schultern, ich kann es kaum erwarten, bis der erste Schnee fällt. Oder ist es die Kombination aus nackten, nicht allzu pneumatischen Brüsten und dem rationalen Zirkel, den sie zwischen Daumen und Zeigefinger hält? Einer der Finger, die sie übrig hat, zeigt auf die wohltuende Sonne, und manchmal, wenn die Tore geschlossen sind, weil es Nacht ist, auf den Vollmond. [...] Übrigens, Sphinxe sind vielleicht noch schöner als Frauen.«

Die Sphinxen lächeln und schweigen und lassen den Flaneur weiterziehen ins Innere des Schlosses. Mit dem Bau des Unteren und Oberen Belvedere hat Prinz Eugen den Barockbaumeister Johann Lucas von Hildebrandt beauftragt. Die Erbin des Prinzen verkaufte die beiden Palais an Kaiserin Maria Theresia. Seit 1781 ist im Oberen Belvedere die Kaiserliche Gemäldegalerie öffentlich zugänglich. Das Schloß beherbergt heute die Österreichische Galerie, mit den berühmten Klimts und Schieles, den Waldmüllers, Makarts und Kokoschkas.

Vor den Toren der Einfriedungsmauer des Parks eine andere Welt: Die Prinz-Eugen-Straße, wichtigste Durchgangsstraße Richtung Gürtel. Die Arsenalstraße bringt uns geradewegs weiter zu den Anlagen des Arsenals. »Österreichische Brigg. Bewaffnung bis 18 Kanonen. Wo bin ich jetzt wieder?« fragt sich Cees Nooteboom. Auch er ist im Heeresgeschichtlichen Museum gelandet. Hier scheint das Herz Wiens und Österreichs besonders heftig zu schlagen, hier wohnen Geschichte und Geschichten. »Selbst im 20. Jahrhundert war Österreich noch eine Großmacht, mitsamt seiner ›Österreichisch-Ungarischen Donauflottille‹, einer U-Bootflotte und einer Armee, in der mindestens sechs Sprachen gesprochen wurden. An ausgestorbene Tierarten erinnert es noch am ehesten, was ich in den Vitrinen sehe, Uniformen, die ich mit Schnitzler, von Horváth und der *Csárdásfürstin* assoziiere, ungültige Banner, überholte Insignien, verflossene Titel. Der ›Waffenrock (1871-1886)‹ von einem ›Major d. K. K. Landwehrinfanterie, Bat. 33‹, die Uniform von einem ›Tiroler Landesschützer zu Pferd‹, von einem ›Attilaleutnant‹ von den Honvedhusaren oder einem ›Dolmanyhauptmann‹ von der Honved-Artillerie, ›Helm, Schwerter und Couse eines Angehörigen der Königlich Ungarischen Kronwache‹. Im Helm steckt eine riesige Gänsefeder, als wären die Leibwächter zugleich auch die Geheimschreiber. König von Ungarn war Franz Joseph auch, apostolischer König, König von Jerusalem, König von Böhmen, König von Dalmatien, König von Siebenbürgen, König von Kroatien und Slowenien, König von Galizien und Illyrien, Großherzog von Toskana und Krakau, Markgraf von Mähren, Herzog von Salzburg, Herzog von Bukowina, Herzog von Modena, Parma, Piacenza und Guastalla, gefürsteter Graf von Habsburg und Tirol, Großwoiwode von Serbien und nicht zu vergessen: Herzog von Auschwitz. Eigentümer des Balkans und der restlichen Welt.«

Bis zu jenem Tag, da in Sarajewo Schüsse fallen und der Thronfolger ermordet wird. *Blutflecken* nennt Claudio Magris jenes Stück aus seinem *Donau*-Buch, das der Erinnerung ein kleines Denkmal setzt. »Im Heeresgeschichtlichen Museum sind an der Uniform des in Sarajewo erschossenen Erzherzogs Franz Ferdinand die Flecken auf dem blauen Rock mit den Durchschüssen am Ärmel und auf der linken Brustseite noch zu sehen. Der Hut neben der Uniform hingegen, mit den großen grünen Federn, ist unbeschädigt und imposant. Die Wunde vom 28. Juni 1914 ist noch offen, in ganz Europa. [...] Jene Flecken erinnern auch daran, daß nichts vergeht, daß die Dinge existieren und daß kein bedeutsamer Augenblick unseres Lebens archiviert wird. [...] Sicherlich herrscht Ungerechtigkeit auch unter den Blutflecken: die des Erzherzogs sind unter Glas konserviert worden, die der 85 Demonstranten, die am 15. Juli 1927 am Justizpalast von der Polizei erschossen worden sind, hat der Regen, haben die Schritte der Passanten weggewischt. Auch diese Flecken *sind*, existieren für immer.«

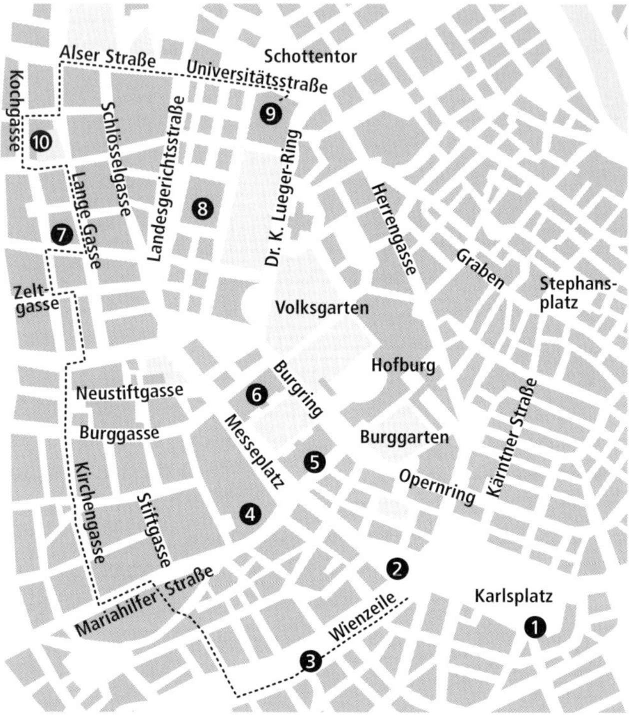

Naschmarkt (Linke/Rechte Wienzeile) – Stiegengasse – Mariahilfer Straße – Kirchengasse – Kellermanngasse – Lerchenfelder Straße – Neudeggergasse – Zeltgasse – Piaristengasse – Josefstädter Straße – Lange Gasse – Florianigasse – Kochgasse – Laudongasse – Lange Gasse – Alser Straße – Universitätsstraße – Universität [1] Karlskirche [2] Secession [3] Naschmarkt [4] Museumsquartier [5] Kunsthistorisches Museum [6] Naturhistorisches Museum [7] Theater in der Josefstadt [8] Rathaus [9] Universität [10] Schönbornpark

VIII. Der Bauch von Wien

Über den Naschmarkt und Mariahilf in die Josefstadt

Riecht's hier nicht schon nach Käsekrainer und Kraut, nach frischen Pfirsichen, Orangen und Kirschen, nach Curry, Kebab und Falafel? Man mag von der Oper kommen, aus der Kärntner Straße oder der Karlskirche, aus den Hallen der Secession, unter deren goldener Kuppel sich die Genien des Klimtschen Beethovenfries räkeln: Viele Wege führen durch Wien, und etliche von ihnen münden im Schlaraffenland, dem Naschmarkt.

Der Abgott der Wiener sei ihr Bauch, ist schon in einem der zahlreichen Reiseberichte des 18. Jahrhunderts zu lesen. Christoph Friedrich Nicolai geht noch mehr ins Detail, wenn er in seiner zwölfbändigen *Beschreibung einer Reise durch Deutschland und die Schweiz im Jahre 1781* seine Eindrücke von der k. u. k. Freßsucht wiedergibt. »Ein wohlhabender Bürger in Wien isset beynahe den ganzen Tag. Schon in der Frühe schlürft er im Sommer ein paar Seidl Obers oder Milchrahm in sich und genießt eine gehörige Anzahl Kipfl oder Milchbrödchen dazu. Im Winter aber tunkt er seine Eierkipfl in Milchkaffee, und ehe er in die Messe geht, stopft er eine gute Portion Gebetwürstel in sich. Noch vormittags ist er im Sommer im Kirchweinkeller und im Winter im Methkeller anzutreffen und dabei wird wieder etwas Kaltes genossen. Zu Mittag ißt er gewöhnlich vier Gerichte und von jedem nicht wenig. Gegen vier ein tüchtiges Jausen oder Vesperbrod; um fünf geht er kegeln und nimmt dann geselchtes Kaiserfleisch oder Hendl zu sich, auch gebackene Schnecken,

Im Bauch von Wien: der Naschmarkt

eingerührte Eier und Lungenbratl. Demohngeachtet kann er zu Hause gegen acht Uhr wieder drei Gerichte verzehren, oder begibt sich in ein Gewürzgewölb, speist ein hundert Austern und trinkt süßen Wein dazu. Alle anderen nennen sie Hungerleider.«

Und heute? Nicht viel anders, wie's scheint. Über die ganze Stadt verstreut finden sich Märkte. Deren größter und bekanntester ist der Naschmarkt. Schon im 16. Jahrhundert hat es hier ein paar Verkaufsstände gegeben, Aschenmarkt genannt. Woher der Name stammt? Vielleicht von den Aschen, wie die Milcheimer hießen, vielleicht aber auch von einem Aschenlager: Asche wurde damals zum Reinigen von Geschirr verwendet.

Wie auch immer: Der Naschmarkt ist der Bauch von Wien geblieben. Eine ganz eigene Welt, wie Doron Rabinovici in seinem Roman *Ohnehin* schwärmt. »[...] Stefan tauchte ein in das Gedränge der Massen, die sich am Samstagvormittag zwischen die moosgrün bemalten und mattgelb überdachten Hütten und Pavillons schoben und durch die beiden Straßenzüge aus Läden, vor denen, in Hüfthöhe, eine Arena aus Früchten, Pflanzen, Kräutern, Käse und Gebäck arrangiert war, aus Holzkisten, Kartonstellagen und Plastikkästen voller Waren, und in den Behältern steckten Stiele mit schwarzen oder steingrauen Schiefertafeln, worauf festgehalten war, wofür wieviel verlangt wurde. Darüber blähten sich bunte Markisen im Wind. Stefan versank im Stimmenreigen und hörte nichts mehr vom Autolärm. Die Händler besangen ihre Ware, lockten ihn heran. Er tauchte ab in die Mischung aus scharfen Aromen und süßlichen Düften. Im Fenster eines orientalischen Händlers sah er Hunderte Gewürzsäckchen, jedes mit einem Zettel versehen, worauf Charakter und Nutzen der jeweiligen

Spezerei vermerkt waren. Er ging vorbei an japanischen Sushibuden, an chinesischen Delis, an einem marokkanischen Restaurant, einem indischen, persischen, türkischen, an einem Espresso und einer italienischen Pizza. Vor dem Wiener Gastwirt und dem Würstelstand ekelte ihn an diesem Augustmorgen, denn nach der deftigen heimischen Küche sehnte er sich erst wieder, wenn es herbstelte. Im dichten Gedränge dieses sommerlichen Vormittags gerieten die Menschen leicht aneinander. Der Sauerkräutler, von dem es hieß, er habe auch schon heißeres Kraut vertrieben, schrie seine polnische Aushilfe nieder, denn groß war die Hektik am Wochenende, und hier ging es ans Eingemachte. Der Verkäufer fischte mit einer Holzklammer eine Salzgurke aus dem Faß und reichte sie einer Kundin. [...] Dieser Platz war eine eigene Welt, eine Insel mitten in der Metropole. Der Markt lag eingekeilt zwischen Rechter und Linker Wienzeile auf einem seit mehr als hundert Jahren unterirdischen Stück des Flusses, der Wien, war von dichtem Verkehrsstrom umbrandet, erstreckte sich über dem Kanal, zog vom Karlsplatz und von der Secession bis hin zur Kettenbrückengasse. Das Gewässer war von der Oberfläche verbannt, damit Ordnung herrsche, doch trotz aller Regulierungen wogte über dem Kanal ein turbulenteres Leben als in den Bezirken rundum.«

Während man sich den Weg zwischen den bunten Buden und Pavillons bahnt, ziehen am Straßenrand die Häuserzeilen der Rechten und Linken Wienzeile vorbei: das Theater an der Wien, 1801 eröffnet und durch die Uraufführungen von Beethoven, Grillparzer oder auch Nestroy bekannt, die prächtigen Jugendstilhäuser von Otto Wagner. Je weiter man in Richtung Kettenbrücken kommt, umso internationaler wird der Markt, auch bunter, praller, lauter. Es gäbe Märkte in Wien, schreibt Bodo Hell in seinem poetischen Essay über den *Yppenplatz 4356 m^2*, da höre man Gespräche in siebzehn Sprachen. Auch am Naschmarkt spürt man, wie sich die Stadt in alle Richtungen hin öffnet. Masken fallen. Hier sei Wien urwienerisch, also das Gegenteil dessen, was Wien glaubt darstellen zu müssen, und zugleich antiwienerisch, »also das befreiende Gegenteil dessen, was Wien glaubt sein zu müssen«, schreibt Robert Menasse über den *Naschmarkt*.

Am Ende des Marktes, dort, wo der Flohmarkt beginnt, zweigen wir in die Stiegengasse ab und spazieren hinauf zur Mariahilfer Straße, immer geradeaus, über Querstraßen und Treppen bis hinein in ein typisches Wiener Durchhaus. Dort findet man jene verschwiegenen Winkel, in die sich Hertha Kräftners *Liebespaar* zurückzieht. Wer damals – man schreibt die fünfziger Jahre – keinen Hausstand hatte, der suchte sich seine Orte: Parks, unbeleuchtete Straßenzüge, dunkle Häuser. Solche, wie man sie auch im Gassengewirr um die Mariahilfer Straße finden könnte. »Wenn die Dämmerung fiel, standen sie auf, um – wie sie sagten – nach Hause zu gehen. Sie hatten niemals ein bestimmtes Haus im Sinn; es kam auch selten vor, daß sie dasselbe Haus noch einmal aufsuchten; aber ihre Vorliebe hatte eine bestimmte Richtung eingeschlagen. Niemals betraten sie ein Haus, das seine Tür offen stehen hatte und seine Gänge gleichgültig allen Fremden zeigte. Immer drangen sie bei Türen ein, die ihrer Hand nur schwer und langsam folgten und hinter eisernen Gittern leere, dunkle Flure hatten. Sie vermieden Häuser mit vielen Firmentafeln an den Toren; Notare, Rechtsanwälte, Handelsfirmen, Ärzte ziehen selbst um diese Zeit noch Leute in das Haus. Sie liebten es, nur den eigenen Schritt auf Treppen und Gängen schallen zu hören. Gleich hinter dem Tor pflegten sie sich zu küssen. Hüfte an Hüfte, denn sie waren gleich groß, stiegen sie die Stockwerke hoch. Sie fanden Häuser mit tiefen Fensternischen, zu denen kein Blick aus den Gucklöchern der Türen drang. Dort liebten sie sich, eng und warm aneindergepreßt. Oder sie stiegen bis zu der Dachbodentür und hockten auf der letzten Stufe. Dort hörten sie manchmal den Wind in den Ziegeln klappern.«

Und wenn die beiden nun einen Hausmeister oder eine Hausmeisterin entdeckt hätte? Wien und Paris zeigten »die höchste Entwicklung der Hausmeisterei«, hat schon Heimito von Doderer konstatiert, »es sind conciergificierte Städte«. So ist's bis heute geblieben. Kaum ein Haus, das nicht über einen solchen Zerberus verfügt, einen freundlichen, neugierigen, boshaften, liebevollen. Zum Kennenlernen ein kurzer Ausschnitt aus Reinhard Federmanns Erzählung *Willy*. »Man kann die Menschen nicht einfach frei herumlaufen lassen. Man muß sie bewachen. Im Haus Pfeffergasse 1 erfüllte diese Mission seit 43 Jahren Frau Leopoldine Javurek, Hausmeisterin. War sie auch nicht mehr im Besitz ihrer siegreich sich wiegenden Hüften von einst, ihr wacher Geist hatte nicht gelitten. Sie lag den ganzen Tag am Fenster und wußte alles. Leider hatte sie nicht alles selbst erlebt, aber das war kein Grund, davon zu schweigen.

Manchmal wünschte sie, sie könnte fliegen. Nicht wie im Flugzeug. Einfach so. Auch durch Wände. Alles sehen und hören, überall dabeisein. Da sie nicht fliegen konnte, blieb ihr nichts, als Wachposten zu beziehen.

In ihrer Umgebung hatte sich in den 43 Jahren nichts verändert. Zwei Häuser, die früher gestanden waren, standen jetzt nicht mehr. Sie waren einige Zeit als Schutt herumgelegen. Jetzt war der Boden wieder glatt. Familien tauchten auf und verschwanden. Kinder wurden mehr als genug gemacht, manchmal zum Schaden der Eltern auch geboren. Aber die alten Leute blieben immer in der Überzahl; es schien, als würden ihrer immer welche dazugeboren, nicht Junge. Manchmal wurde einer eingesperrt, dann war es besonders schade, daß man nicht fliegen konnte, um zu sehen, wie sie ihn ausfragten. Und alles aus ihm herauskitzelten, alles, die ganze Schandtat. Vor ein paar Tagen hatten sie wieder einen gefangen, einen ganz frechen Burschen. Frau Javurek hatte immer gesagt, mit dem würde es kein gutes Ende nehmen.«

Durch ein Tor gelangt man wieder ins Helle und steht auf der Mariahilfer Straße, direkt beim Haus *Zum Goldenen Hirschen*, auf Nr. 45. Hier wurde am 1. Juni 1790 Ferdinand Raimund geboren. In dessen Tage und in das Wien des Vormärz entführt auch der Roman *Der Gaulschreck im Rosennetz* des Fritz von Herzmanovsky-Orlando. In einer der vielen barock-skurrilen Szenen läßt er seinen Helden, den k. u. k. Hofsekretär Jaromir Edler von Eynhuf, als Falter durch die Mariahilfer Straße schwirren. »Kaum hatte der Bedauernswerte seinen Fuß vor die Türe des Saales gesetzt – von den Fiakern höhnisch mit ›Fahr'ma Euer Gnaden‹ begrüßt und sprachlos von den sonst so geräuschvollen Wagentürlaufmachern angestaunt –, sollte er so bald nicht mehr den Boden berühren.

Ein kräftiger Weststurm erfaßte den bejammernswerten Schmetterling und jagte und rollte den stolpernden, schwebenden, ob er wollte oder nicht, die Mariahilfer Straße hinunter.

›Halts'n auf‹, und andere wirre Rufe tönten durch die Nacht.

Toll gewordene Comfortabelgäule rasten hin und her – mit gleichsam flehend emporgestreckten Vorderhufen trampelten Fiakerrosse die Hauswände in die Höhe, rollenden Irrsinn in den Augen. Fluchen verzweifelter Kutscher ertönte und hilfloses Kreischen aus den rasselnden Wägen.

Einen schreienden Würstelmann schleifte der surrende Falter mit sich, um ihn bald gegen einen diensthabenden Kanalräumer einzutauschen. Aber, o weh, o weh, was gab's für eine fürchterliche Szene, als der steife Hofbeamte, wirre Entschuldigungen stotternd, in eine Gruppe heimkehrender Herren und Damen hineinflatterte!«

Zurück auf der Mariahilfer Straße, führt uns der Weg durch die Kirchengasse quer durch den 7. und 8. Bezirk. Hier läßt sich sehen, wie Wien wohnt. Selbstbewußte Bürgerhäuser mit alten Bäumen in den begrünten Innenhöfen stehen neben barocken und biedermeierlichen Häuschen mit putzigen Fassaden – zu entdecken etwa in der Spittelberggasse, die man von der Kirchengasse aus in wenigen Schritten erreichen kann. Daneben triste Wohnbauten mit Lichtschächten zum Hof. Eines dieser Häuser ist Günter Kunert nachhaltig in Erinnerung geblieben.

Wiener Hinterlassenschaft

Ein Schacht der Hof
sehr eng
das Quergebäude ockerfarben wie sonst nur
öffentliche Bauten landwärts
(Klöster und Kapellen).

Im ersten Stockwerk unser Zimmer
mit Aussicht auf die Enge

ausgefüllt von einem niedern
was wohl verbergenden
Schuppendach voll Kraut und Unkraut
wie der Blick erkennt fällt er hinab
aus dem Fenster.

Zum Himmel kann hier keiner fallen.

Zwischen zwei Betten ein
menschengroßer Spiegel hoch und schlank
dem wir unser bewegtes
lustvoll laokoonisch aufgerecktes
aufgeregtes
Abbild hinterließen.

Wo die Kirchengasse auf die Neustiftgasse trifft, tut sich ein kleiner Platz auf. Dort findet sich ein literarisches Denkmal für den lieben Augustin, Bänkelsänger, Sackpfeifer und Stegreifdichter. Das, was man ein Wiener Original nennen könnte. Gelebt hat dieser Augustin Marx, wie er mit vollem Namen heißt, zwischen 1645 und 1685. Ein tüchtiger Trinker soll er gewesen sein, weiß die Legende: Auch während des Pestjahres 1679 war er viel in den Beisln und Spelunken unterwegs und landete eines Abends stockbesoffen in der Gosse. Siech-Knechte, die die Verstorbenen von der Straße aufsammelten und zu den Massengräbern brachten, zogen die Schnapsleiche auf ihren Karren und warfen ihn zu den anderen Toten in die Pestgrube nahe der St. Ulrichskirche. Am nächsten Tage hörten sie den Augustin unten in seinem Grab so laut singen und Dudelsackspielen, daß sie ihn wieder heraufholten. Und siehe da: Er lebte – und er lebte noch lange, besser denn je. Sein Erlebnis wurde zum

Lied, das ihm viel Geld einbrachte. Das Volkslied vom Lieben Augustin freilich ist viel später entstanden, um 1800, wie man heute glaubt.

Oh, du lieber Augustin, Augustin, Augustin,
Oh du lieber Augustin, alles ist hin.

Geld ist weg, Mäd'l ist weg,
Alles hin, Augustin
Oh, Du lieber Augustin
Alles ist hin. [...]

Und selbst das reiche Wien
Hin ist's wie Augustin
Weint mit mir im gleichen Sinn
Alles ist hin!

Jeder Tag war ein Fest,
Und was jetzt? Pest, die Pest!
Nur ein groß' Leichenfest,
Das ist der Rest.

Die Kellermanngasse läuft auf die Lerchenfelderstraße zu. Schräg gegenüber zweigt die Neudeggergasse ab. Hier, auf Nr. 12, hat sich dereinst eine Synagoge befunden, einer jener 35 Tempel und über hundert Bethäuser, die es in Wien vor 1938 gegeben hat. In Peter Henischs Roman über *Steins Paranoia* taucht sie für den Helden aus dem Nichts wieder auf. »Entschuldigung, hatte der Altwarenhändler gesagt. Sie sind doch der Mieter vom Zehnerhaus, nichtwahr? Pardon schon, Verzeihung, ich will ja nicht lästig sein. Aber das Zehnerhaus, wissen Sie, interessiert mich. In Ihrem Hof muß ein alter Weinstock sein, stimmt's? Den hat noch der alte Tempeldiener gepflanzt. Jaworek oder Jaworsky hat er geheißen. Woher ich das weiß? Ich hab als Kind dort gewohnt ... [...] Die Synagoge ist gleich daneben gestanden. An ihrer jetzigen Feuermauer sehen Sie noch die Brandflekken. Das war ein schönes, großes Gebäude mit zwei Türmen und einem dreitürigen Portal. Wenn ich meiner Mutter beim Abnehmen der Wäsche auf dem Hängeboden geholfen hab, dann haben wir manchmal, an Samstagen, den Gesang von nebenan gehört. [...] In der Synagoge, hatte der Altwarenhändler gesagt, war ein wunderschöner Mosaikfußboden. Nein, ich bin nie drin gewesen, aber später, nachdem die Mauern der Synagoge nicht mehr gestanden sind, da haben wir Buben auf diesem Boden Fußball gespielt. [...] Das war damals, hatte der Altwarenhändler gesagt, ganz zeitig in der Früh. Um fünf vielleicht oder halb sechs, da hat drüben ein dumpfer Krawall angefangen. Wir alle sind davon aufgewacht. Was ist los? Es hat sich so angehört, als hätten sie drüben alles kurz und klein geschlagen. Mein Vater, daran kann ich mich noch gut erinnern, ist zum Telephon und hat die Polizei angerufen. Aber die haben gesagt, er soll sich gefälligst um seine eigenen Angelegenheiten kümmern. Dann hat er, was hätt er denn machen sollen, mein Vater, in die Arbeit müssen, und bald darauf, eine Viertelstunde später bereits, hat es zu brennen begonnen. Die sind ja verrückt, hat meine Mutter gesagt – und dann sind wir beide auf den Dachboden hinauf gerannt, um die Wäsche zu holen.«

Über die Zeltgasse gelangt man in die Piaristengasse und nähert sich der Josefstädter Straße, der Schlagader des 8. Bezirks, die Josefstadt, wie sie heißt. Elfriede Jelinek zeichnet in der *Klavierspielerin* ein bissiges Bild dieser Gegend. »Schon winkt der achte Bezirk mit warmer Heimatnotdurft, im Stall frisches Heu. Die Mutter atmet auf, sie bugsiert die Tochter, vorbei an Boutiquen, in die Einflugschneise der Josefstädterstraße. Die Mutter freut sich, daß der Spaziergang auch diesmal nicht mehr gekostet hat als ihre Schuhsohlen. Besser abgetretene Sohlen, als daß sich einer an den Damen Kohut die Schuhe abputzt.

Dieser Wohnbezirk ist, was seine engere Bevölkerung betrifft, ziemlich überaltert. Vor allem alte Frauen. Zum Glück hat diese eine alte Frau, die Mutter Kohut, ein jüngeres Anhängsel ergattert, auf das sie stolz sein kann und das für sie sorgen wird, bis der Tod sie scheidet. Nur der Tod kann die beiden trennen, und es steht auf dem Kofferanhänger Erika als Zielhafen angegeben. Manchmal kommt in diesem Bezirk eine Mordserie vor, und ein paar alte Weiberln sterben in ihren mit Altpapier völlig zugewachsenen Fuchsbauten. Wo ihre Sparbücher geblieben sind, weiß nur Gott allein, und der feige Mörder weiß es auch, der unter der Matratze nachgeschaut hat. Der Schmuck, das bißchen Schmuck, ist ebenfalls weg. Und der einzige Sohn, Vertreter für Eßbestecke, kriegt nichts.«

Ein bürgerlicher Wohnbezirk, der kleinste von Wien. Auch Milo Dor hat lange in der Josefstadt gelebt. 1923 in Budapest geboren, im Banat und in Belgrad aufgewachsen, wurde Dor 1943 als Zwangsarbeiter nach Wien deportiert. Er ist geblieben – und hat sich im 8. Bezirk niedergelassen, wo er im Dezember 2005 gestorben ist. Hier, so sein Credo in den *Fragen eines altmodischen Humanisten*, findet sich jenes Wien, das sich anderen Kulturen und Menschen gegenüber öffnet, allen Vorurteilen zum Trotz. »Ich liebe meinen Bezirk, weil er das Flair einer echten Großstadt hat«, bekennt er: Seine letzten beiden Hausmeister seien Tschechen gewesen, sein neuer sei ein Serbe, der Greißler ein Grieche und eines seiner Lieblingslokale ein Grieche. »Außer einem italienischen Eissalon, in dem man ein besseres Eis bekommen kann als in vielen Orten Italiens, gibt es in unserem Bezirk mehrere italienische Restaurants. Das nächste von ihnen heißt ›Triest-Wien-Marienbad‹, in das ich ab und zu wegen der guten Weine einkehre. Der Dreiklang dieses Namens ruft in mir eine Art Nostalgie nach der größeren Heimat hervor, in der sich unsere Vorfahren zu Hause gefühlt haben.« Die Bürgerhäuser der Josefstädter Straße ähneln denen von Zagreb, Ljubljana und Prag, hier haben berühmte Architekten gebaut: Otto Wagner, Adolf Loos und Clemens Holzmeister, Luigi Blau, Günther Domenig und Boris Podrecca. Ein selbstbewußter Bezirk, sehr identitätsstiftend.

Sie sei eben eine geborene Josefstadtgeherin, heißt es in Thomas Bernhards Heldenplatz über Frau Prof. Schuster, und das sage ja alles. Und das mag stimmen, grob gesagt zumindest: Die einen gehen in die Burg, die anderen in die Josefstadt. Die beiden Theater sind die ältesten Sprechbühnen Wiens. Wo sich die Burg international zu öffnen sucht, pflegt man in der Josefstadt die österreichischen Autoren, Schnitzler, Raimund, Hofmannsthal. Schauspielertheater, viel Applaus, viele Abonnenten, die ihre Plätze schon seit Generationen besetzen. Viel Tradition.

Ein paar Schritte über die Josefstädter Straße stadteinwärts biegt links die Lange Gasse ab (dem, der sich vorher stärken möchte, dem sei noch der kleine Umweg über das Café Eiles ans Herz gelegt, in der Josefstädter Straße 2 – eines der schönsten Wiener Kaffeeehäuser).

In der Langen Gasse Nr. 49 befindet sich heute noch die Hotel-Pension Zipser, ein paar Häuser weiter lag einst

Samstags kommen die Trödler: am Naschmarkt

eine Fleischhauerei, daneben eine Puppenklinik mit der Aufschrift »Zum Zauberkönig«, daran anschließend eine Tabak-Trafik. Sie haben die Szenerie erkannt? Die Lange Gasse ist jene »Stille Straße im achten Bezirk«, die durch Ödön von Horváths *Geschichten aus dem Wiener Wald* berühmt geworden ist. Er selbst hat immer wieder in der Pension Zipser logiert. Die Regieanweisungen für sein Volksstück, wie er es nennt, folgen der damaligen Realität: »Von links nach rechts: Oskars gediegene Fleischhauerei mit halben Rindern und Kälbern, Würsten, Schinken und Schweinsköpfen in der Auslage. Daneben eine Puppenklinik mit Firmenschild ›Zum Zauberkönig‹ – mit Scherzartikeln, Totenköpfen, Puppen, Spielwaren, Raketen, Zinnsoldaten und einem Skelett im Fenster. Endlich: eine kleine Tabak-Trafik mit Zeitungen und Zeitschriften und Ansichtspostkarten vor der Tür. Über der Puppenklinik befindet sich ein Balkon mit Blumen, der zur Privatwohnung des Zauberkönigs gehört.«

Und schon die ersten Sätze der im 8. Bezirk spielenden Szene zeigen, wie wenig das Stück mit dem gleichnamigen Walzer von Johann Strauß und dessen sentimentaler Gefühlsseligkeit zu tun hat: Der Fleischhauer Oskar manikürt sich mit einem Messer die Nägel, sein Gehilfe Havlitschek geht mit einem Beil auf ein elfjähriges Mädchen los: »Das dort! Sagt das dumme Luder nicht, daß meine Blutwurst nachgelassen hat – meiner Seel, am liebsten tät ich so was abstechen, und wenn es dann auch mit dem Messer in der Gurgel herumrennen müßt, wie die gestrige Sau, dann tät mich das nur freuen!«

Horváths *Geschichten aus dem Wienerwald* wurden am 2. November 1931 im Deutschen Theater in Berlin uraufgeführt. Das Stück wird zum Erfolg – und gleichzeitig zum Skandal: »Fünfzehn Bilder«, so schreibt Ludwig Sternaux in der Vorkritik des deutschnationalen *Berliner Anzeigers*, »die ein einziges Pamphlet auf Wien sind, vor keiner Rüpelei zurückschrecken, in Gefühlsrohheit nur so schwelgen und in trübstem Kitsch versanden.« Der Berlin-Korrespondent der *Wiener Zeitung* hakt ein, als er vom jüngsten Stück des »Oedön Horwath« berichtet, das ein »verkommenes und abstoßendes Wien« schildert: »Der Verfasser hat sich in bewußten Gegensatz gestellt zu einer gewissen Art süßlich-verlogener Volksstücke. Aber er wird nach der entgegengesetzten Seite manchmal ebenso unwahr wie jene Stücke, da sein Pessimismus allzu einseitig ist. [...] Dieser neue Volksstückautor ist zu hart. Es fehlt ihm an Geschmack. Es fehlt ihm auch an Humor.« Hart, geschmacklos, ohne Humor?

Von der Langen Gasse zweigt die Schmidgasse ab. Im dortigen Bezirksmuseum auf Nr. 18 hütet man einige Schätze aus dem Nachlaß von Stefan Zweig und das Zweig-Archiv. Des Dichters Wohnung in der Kochgasse 8 ist über die Lange Gasse und die Florianigasse zu erreichen. Aufgewachsen am Schottenring Nr. 14, später in der Rathausstraße 17, ist Stefan Zweig als Student in die Josefstadt übersiedelt und hat dort in der Buchfeld- und Tulpengasse in Untermietzimmern gelebt. Am 1. Februar 1907 bezieht er seine erste eigene Wohnung in der Kochgasse. In der *Welt von Gestern* hat er sein neues Domizil beschrieben. »Eine kleine Bibliothek hatte sich in den Jahren seit der Schule angehäuft, Bilder und Andenken: die Manuskripte begannen sich zu dicken Paketen zu stauen, und man konnte diese willkommene Last schließlich nicht ständig in Koffern durch die Welt schleppen. So nahm ich mir eine kleine Wohnung in Wien, aber es sollte keine wirkliche Bleibe sein, sondern nur ein pied-à-terre, wie die Franzosen eindringlich sagen.«

Eine Küche kann Stefan Zweig nicht brauchen, denn er pflegt im Restaurant oder bei den Eltern zu speisen. Er läßt sie als Büro einrichten, fortan das Reich seiner Sekretärin. Der Schriftsteller Felix Braun hat ihn in der Kochgasse besucht und erzählt, daß Zweig schon damals einen Diener beschäftigt habe und seine Wohnung gediegen eingerichtet gewesen sei, »mit rotledernen Fauteuils und wenigen Bildern, von denen mir eine überaus schöne Zeichnung William Blakes, das tiefblickende Haupt von Shakespeares König Johann darstellend, unvergessen geblieben ist«.

Stefan Zweig hat Geld, das Erbe seines Großvaters macht ihn weitgehend unabhängig. Und so kann er in jenen Jahren seinen Leidenschaften leben, dem Schreiben und Reisen. Er sammelt Autographen und Bilder, ja er hat sogar eine Kielfeder Goethes erworben, die er wie einen Augapfel hütet. Er hat sie unter Glas verschlossen, »um der Versuchung zu entgehen, sie in die eigene unwürdige Hand zu nehmen«. Noch ahnt er nicht, daß er in der Kochgasse seinem geliebten Goethe näher ist, als er es sich je gedacht hätte. Durch einen Zufall kommt er mit einer älteren Frau ins Gespräch, die über ihm wohnt. Diese, so stellt sich heraus, ist die Tochter von Goethes Leibarzt Dr. Vogel. Ottilie Goethe war ihre Taufpatin gewesen, Goethe selbst war dabei gewesen. Ihm sei schwindelig geworden bei diesem Gedanken, bekennt Zweig in seiner *Welt von Gestern*. »Da wohnte man in diesem steinernen Haus, sprach durchs Telephon, brannte elektrisches Licht, diktierte Briefe in eine Schreibmaschine – und zweiundzwanzig Stufen empor, und man war in ein anderes Jahrhundert entrückt und stand im heiligen Schatten von Goethes Lebenswelt. [...]

Und vielleicht bin ich selbst wiederum schon der letzte, der heute sagen darf: ich habe einen Menschen gekannt, auf dessen Haupt noch Goethes Hand einen Augenblick zärtlich geruht.«

Von Stefan Zweigs Wohnung führt unser Weg weiter in die Laudongasse, wo Elfriede Jelinek aufgewachsen ist. Das Haus ist abgerissen, die Erinnerungen an diese Gegend rund um den Schönbornpark aufbewahrt in der poetischen Skizze *Mein achter Bezirk, im Erfahren.* »[...] Ich muß vom Tor meines Elternhauses aus ja nur die Laudongasse überqueren, in ein kleines, leckes Schifferl steigen, losmachen, und in die Strömung hineingleiten, in den riesigen Block einer alten Zinskaserne, mit drei Höfen, in denen man erwarten könnte, daß Feuerschein lodert und dunkle Gestalten sich darüberbeugen, um etwas am Spieß zu drehen, das man gar nicht so genau sehen will. Die Essiggurken dazu haben sie sich in dem kleinen Geschäft jenseits der Höfe gekauft, wo es auch offenes Sauerkraut und eingelegte Paprika (ebenfalls mit Kraut gefüllt) gibt. Der Boden dieser Höfe ist uraltes buckliges Pflaster, zwischen den Steinen wächst büscheliges Gras, in jedem Hof stochert eine Teppichklopfstange mit den Absätzen im Boden herum, und jetzt sind dort auch Autos geparkt [...] – es ist unbegreiflich, daß es diese Höfe überhaupt noch gibt. Sie sind wie das Negativ einer anderen Stadt, die unter der Stadt existiert, doch es wird uns nicht einmal die Freundlichkeit von Wandinschriften erwiesen, wo der geheime Einstieg in diese Unterwelt verborgen sein könnte, da steht nur

Stefan Zweig

in altertümlicher Schrift die Nummer des Hofs, und diese Wände schlucken alles, ihnen steht das Wasser, das in sie hineingekrochen ist, bis zum Hals, aber sie schlucken es schließlich doch, die Wände, alles, bis zum letzten Tropfen.«

Vorbei am Schönbornpark und dem Museum für Volkskunde – dort sei sie mit dem Roller entlanggeruckelt, so Elfriede Jelinek – erreichen wir neuerlich die Lange Gasse, der wir zur Alser Straße hin folgen. Von dort spazieren wir stadteinwärts zur Universitätsstraße. Sie mündet in den Ring, dort, wo sich die Universität erhebt. Im Jahr 1365 gegründet, ist sie nach Prag die zweitälteste Universität Mitteleuropas. Sie verfügt heute über 130 Studienrichtungen an 60 Standorten, über die ganze Stadt verstreut. Das Hauptgebäude, 1873 bis 1883 nach Plänen von Heinrich von Ferstel errichtet, liegt am Dr. Karl Lueger-Ring 1.

Seit 1897 sind Frauen als ordentliche Hörerinnen zugelassen, und doch: Im Innenhof der Universität stehen nur Denkmäler berühmter Männer, Lehrer der Hochschule. Barbara Neuwirth hat über *Die steinernen Männer im Hof der Universität* nachgedacht (und darüber, daß Frauen in Wien immer noch abwertend als »Mensch« bezeichnet werden, als geschlechtslose Wesen, nicht weiter der Rede wert).

Aus Sand und Granit, und der Stein schwankt
nicht, aus Ehr' und Ruhm, auch Namen
bleiben stehen, aus Glaube
und Hoffnung, und die anderen Worte vergehen.
Die steinernen Männer, sie stehen
und blicken voll Eifer entgegen dem Ruhm
und der Ehre. Was Gesicht hat und Namen

ist Mann und aus Stein oder Fleisch. Ach,
holde Stadt, aus dem Walzerschritt drehn sich
die Damen und die Madeln,
das Mensch entspringt dem Schöpfungsakt
jeden Tag hier erst neu. Kein Wunder, daß in
Stein nur Männer zu finden sind, nicht Frauen
aber, benannt und mit Gesicht.
Küß die Hand,
beugen die Männer aus Stein sich
über Frauenkörper und drücken hinab,
was morgen sie wieder erheben werden
im Viervierteltakt.

IX. Expeditionen durch die Abgründe der Seele

Neurosen, Narrenturm und magische Stiegen: der Alsergrund

> Die Säulen des Himmels erzitterten,
> Die Grundsteine der Welt erbebten,
> Sonne und Mond verhüllten ihr Angesicht ...
> Als verschieden ist Isak
> Der im Himmel verlangt wurde.

Eine Inschrift, gefunden auf einem der Grabsteine des Jüdischen Friedhofs in der Seegasse. Wieso den Spaziergang durch den Alsergrund, wie der 9. Bezirk heißt, nicht in der Unterwelt beginnen? Krankheit und Tod werden uns auf dem Weg durch diesen Teil Wiens eindringlicher und häufiger begegnen als in so mancher anderen Gegend der Stadt.

Erster Treffpunkt: Seegasse 9-11, ein Städtisches Altersheim. Sein linker Eingang führt durchs Haus hinaus zu einem Garten der anderen Art: ein Friedhof mitten in einem grünen Quadrat, versteckt im Dickicht hoher Häuser. Ein Stück Himmel ist zu sehen, das immerhin. Der Friedhof in der Seegasse ist das älteste jüdische Gräberfeld der Stadt. Hier, nicht allzu weit vom früheren Ghetto in der Leopoldstadt entfernt, hat man seit dem späten Mittelalter die Toten begraben. Einige Gräber datieren aus dem späten 16. Jahrhundert, die jüngsten aus dem späten 19., als Joseph II. befahl, im Sinne seiner Reformen auch diesen Friedhof stillzulegen und dafür einen modernen Totenacker vor den Toren der Stadt zu bestellen. Immerhin

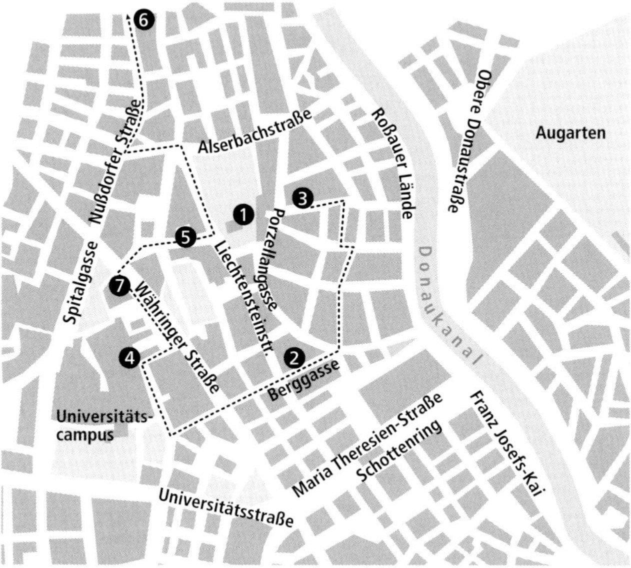

Seegasse – D'Orsay-Gasse – Servitengasse – Berggasse – Schwarzspanierstraße – Garnisongasse – Leopold-Bauer-Weg – Van Swieten-Gasse – Währinger Straße – Strudlhofgasse – Liechtensteinstraße – Alserbachstraße – Nußdorfer Straße 54 [1] Liechtenstein-Museum [2] Sigmund Freud-Museum [3] Friedhof Seegasse [4] Narrenturm [5] Strudlhofstiege [6] Schubert Geburtshaus [7] Bezirksmuseum Alsergrund

erwirkte die jüdische Gemeinde damals, den Friedhof mit seinen prächtigen Grabsteinen weiterhin erhalten und damit den Verstorbenen ihre Ruhe bewahren zu dürfen.

Erst 1943 drohte der Friedhof aufgelassen zu werden, als die SS das jüdische Altersheim und das Spital, die an das Gräberfeld angrenzten, okkupierte und die Steine zur Wiederverwertung freigab. Bei Nacht und Nebel konnten gut vierhundert Grabsteine in Sicherheit und nach dem Krieg in die Seegasse zurückgebracht werden. Ein Großteil der Steine verschwand für immer. Ursprünglich hat es hier 931 Gräber gegeben, heute sind es 280, die man identifizieren und neu aufstellen konnte. Ein Ort wie eine kleine Insel.

Von der Seegasse aus gelangt man über die D'Orsay-Gasse in die Servitengasse. »Ihre Füße brauchen einen Rahmen, keinen Käfig«, ist an einer Schuhwerkstatt zu lesen. Ein paar Häuser weiter ein Fachgeschäft für Schneiderwaren wie es sich stolz nennt. In der Auslage gehäkelte Spitzen, Vorlagen für Stickbilder, Puppengarderobe in rosa und hellblau, handgestrickt. Über die Porzellangasse biegt man in die Berggasse ein. Nummer 19 – eine der berühmtesten Adressen Wiens: Hier hat Sigmund Freud, der Begründer der Psychoanalyse, gewohnt und gearbeitet. Schon von weitem lockt ein Schild: *Café Freud*, untergebracht im Nachbarhaus. Schräg gegenüber auf der anderen Straßenseite eine Verführung ganz anderer Art: *Die Philosophie im Boudoir*, wie sich das Geschäft nennt, und weiter: *Wäsche beim Freud Museum.*

Als Sigmund Freud im September 1891 die linke Mezzaninwohnung in der Berggasse 19 bezieht, ist die berühmte rote Couch schon in seinem Besitz: das Geschenk einer dankbaren Patientin. Er ordiniert bis 1908 im Parterre, während die Familie einen Stock darüber logiert. Erst 1908 übernimmt er die gegenüberliegende Wohnung im Mezzanin, um dort bis zu seiner Emigration nach London im Juni 1938 zu praktizieren. In jenen Räumlichkeiten ist ein Großteil seiner Schriften entstanden, darunter *Die Traumdeutung, Jenseits des Lustprinzips, Das Ich und das Es* oder *Das Unbehagen in der Kultur.*

Seit 1971 ist hier das Freud Museum eingerichtet. Die berühmte rote Couch steht inzwischen in London, doch ansonsten sind hier Autographen, Bilder und Dokumente aus dem Leben Freuds zu sehen. Zu bewundern ist auch ein Teil der wertvollen Antikensammlung sowie Teile der früheren Ausstattung von Praxis und Wohnräumen. Letztere sind seit 1981 wieder zugänglich. Sie beherbergen einen Ausstellungs- und Vortragssaal und eine wissenschaftliche Bibliothek, die auf Anna Freud zurückgeht, Assistentin ihres Vaters und Begründerin der Kinderanalyse. Sie stellte dem Museum ihre eigenen Bücher zur Verfügung und bewog eine Reihe international bekannter Psychoanalytiker, ihre Fachbibliotheken zu stiften. Auf diese Weise kamen gut 30 000 Bände zusammen.

Sigmund Freud

In Sigmund Freuds eigener Bibliothek hatte auch die Literatur ihren Platz. Seine Liebe zu Goethe, Schiller und Shakespeare spiegelt sich in seinen Schriften. Nach seinen Lieblingsautoren befragt, nannte er Gottfried Keller und C. F. Meyer, Anatole France und Emile Zola, Rudyard Kipling, Multatuli und Mark Twain. Und die Österreicher –

Hofmannsthal, Kraus oder Schnitzler? Über die Verbindung zwischen Schnitzler und Freud ist viel spekuliert und auch geforscht worden. Beider Werk wurzelt in ähnlichem Gedankengut, wie sich anhand vieler Beispiele zeigen ließe. Man denke etwa an den *Schleier der Beatrice*, ein Stück, das Schnitzler 1899 beendet – in jenen Tagen und Wochen, da Freud seine *Traumdeutung* abschließt. »Träume sind Begierden ohne Mut«, heißt es bei Schnitzler, »Sind freche Wünsche, die das Licht des Tags / Zurückjagt in die Winkel unserer Seele, / Daraus sie erst bei Nacht zu kriechen wagen.«

Er sei ihm zeitlebens ausgewichen, gesteht Freud in einem Brief, den er Schnitzler schreibt, um ihm zum 60. Geburtstag zu gratulieren und sich ihm anzuvertrauen. »Ich will Ihnen ein Geständnis ablegen, welches Sie gütigst aus Rücksicht für mich für sich behalten und mit keinem Freunde oder Fremden teilen wollen. [...] Ich meine, ich habe Sie gemieden aus einer Art Doppelgängerscheu. Nicht etwa, daß ich sonst leicht geneigt wäre, mich mit einem anderen zu identifizieren oder daß ich mich über die Differenz der Begabung hinwegsetzen wollte, die mich von Ihnen trennt, sondern ich habe immer wieder, wenn ich mich in ihre schönen Schöpfungen vertiefe, hinter deren poetischem Schein die nämlichen Voraussetzungen, Interessen und Ergebnisse zu finden geglaubt, die mir als die eigenen bekannt waren. [...] So habe ich den Eindruck gewonnen, daß Sie durch Intuition – eigentlich aber in Folge feiner Selbstwahrnehmung – alles das wissen, was ich an mühseliger Arbeit an anderen Menschen aufgedeckt habe.«

Nach diesem Brief kommt es zu einem Treffen im Hause Freud. Ein paar Wochen später verabreden sie sich in ihrem Urlaubsort am Salzberg. Von den Pilzen zu essen, die ge-

Verneigung vor einem Großen: das Beethoven-Zimmer
im Theater an der Wien

rade geputzt und später gereicht werden, habe er jedoch abgelehnt, gesteht Arthur Schnitzler seinem Sohn Heinrich in einem Brief »um nicht zu einer späteren literar-historischen Anekdote Anlaß zu geben: daß ich an den giftigen Schwämmen aus der Freud'schen Küche verstorben sei«.

Die Berggasse zieht leicht hügelaufwärts und kreuzt die Wasagasse mit dem gleichnamigen Gymnasium, das Autoren wie Stefan Zweig, Friedrich Torberg oder Erich Fried besucht haben. Sie mündet in die Schwarzspanierstraße. Durch die Günthergasse läßt sich ein Blick auf die neugotische Votivkirche erhaschen. Schräg gegenüber grüßt ein Halbrelief Beethovens, gestiftet vom Rossauer Männergesangsverein, der den Tod Beethovens an diesem Ort betrauert. In diesem heute schlichten Gebäude auf Nr. 15 befand sich früher einmal das Schwarzspanierhaus, ein ehemaliges Kloster, in dem Nikolaus Lenau mehrmals bei seiner Schwester zu Gast war. Im zweiten Stock bezog Ludwig van Beethoven im Oktober 1825 eine geräumige Wohnung mit Blick über Wien. Hier ist er am 26. März 1827 gestorben – und hier, in seinem Sterbezimmer, hat sich Anfang Oktober 1903 Otto Weininger eingemietet. Der damals erst dreiundzwanzigjährige Philosoph, ein konvertierter Jude und deklarierter Frauenhasser, beschäftigte die Wiener Intelligenz mit seiner Studie zu *Geschlecht und Charakter*, eine Abhandlung über die menschliche Bisexualität. Er sei ein hochbegabter, aber sexuell gestörter junger Wissenschaftler, konstatierte Freud, um ihn gleichzeitig des Plagiats zu bezichtigen. Otto Weininger, dessen Werk Autoren wie Doderer, Kraus, Canetti oder Musil nachhaltig beeinflußte, hat sich am 4. Oktober 1903 in Beethovens Sterbezimmer erschossen. In seinem Stück über *Weiningers Nacht* hat Joshua Sobol die letzten Stunden des jungen

Mannes auf die Bühne gebracht und dabei dessen Selbsthaß ausgestellt. »Wanze! Widerwärtiges Insekt! Stinkender Wanderprediger! Und diese Idioten! Warum haben sie dich nicht einfach stehengelassen? Warum haben sie dir nicht das Maul gestopft, dich in irgendeine Schublade gesperrt und dich im Gestank deiner eigenen Fäulnis erstikken lassen! Du Ratte! Du Wurm! Bist Du vielleicht besser als sie? Wer bist du denn überhaupt, du? Schau dich doch an, schau dich an! Diese Leere! Dieses Nichts! Masken, Maskeraden, Mummenschanz! Dich kenn ich, mein Lieber. Du bist doch nur ein Hochstapler! Wenn du einmal stirbst, was geschieht denn dann? Dann wird doch nur ein Nichts zu nichts, zunichte, zu irgendeiner Nichtigkeit, die endlich, endlich aufhört vorzugeben, irgendetwas zu sein! *Zieht die Pistole.* Der Tod, das ist die einzige Form, die deiner inneren Leere halbwegs angemessen ist.«

Weiningers Tod erregt Aufsehen, seine Untersuchung zu *Geschlecht und Charakter* avanciert zum Kultbuch, über die Grenzen des k. u. k Reiches hinaus. Er fühle sich Weininger verwandt, gesteht Strindberg am 8. Dezember 1903 in einem Brief an Artur Gerber, er sei wie dieser religiös geworden aus Furcht, sich in einen Unmenschen zu verwandeln. Und die Liebe zu Beethoven, die teile er mit Weininger ohnehin. Denn der sei ein Unseliger, Unruhiger gewesen, »der nicht himmlisch genannt werden kann: überirdisch gewiß«.

Zurück auf die Erde und weiter geradeaus, bis rechter Hand die Garnisongasse abzweigt und zum riesigen Areal des Allgemeinen Krankenhauses führt, das AKH. 1784 von Joseph II. eröffnet, verdankt sich das Spital den fortschrittlichen Ideen des Regenten, wonach für das leibliche und seelische Heil der Untertanen besser zu sorgen sei. Der

Leopold-Bauer-Weg führt zu einem der markantesten Gebäude dieses riesigen Komplexes, dem Narrenturm. Der »Kaiser Joseph II. Gugelhupf«, wie er auch heißt, die frühere »Aufbewahrungsstätte für geistig Kranke«, errichtet von Isidor Canevale. Ernst Moritz Arndt jedenfalls stimmt in den Chor jener ein, die der damals fortschrittlichen Behandlung der Kranken eine Hymne sangen. Der deutsche Schriftsteller besuchte den Narrenturm anläßlich seiner Wien-Reise, die er in seinem Band von der *Sehnsucht nach der Ferne. Die Reise nach Wien und Venedig 1798* beschreibt. »Dieser sogenannte Turm liegt hinter dem großen Spital und seitwärts vom Militärspital an der Alser- und Währingergasse, ein starkes ziegelförmiges Gebäude, doch kein Pantheon; wieder ein Denkmal österreichischer Freigebigkeit. Alles ist mit der größten Sorgfalt und Genauigkeit eingerichtet und wird in Ordnung und Reinlichkeit gehalten, daß ich erstaunt bin, wie es unter diesen Halbmenschen möglich sei. Dieser Turm hat nach allen Seiten reichen Luftzug und Himmelslicht. Unten ist ein Garten, wo die Halbtollen und Genesenden spazieren können. Die, versteht sich, die stark genug dazu sind, müssen auch kleinere Arbeiten tun, Holz und Wasser tragen, fegen und dergleichen. Die Gänge und Treppen und selbst die Zimmer lassen es kaum vermuten, wo man ist, wenn man nicht durch das wilde Schreien und Lärmen der Umherstehenden und Gehenden und durch das Gewimmer und Gebelle der Rasenden und Geschlossenen drinnen allzu lebhaft daran erinnert würde.«

1866 wurde der Narrenturm zugesperrt, heute ist darin das Pathologisch-anatomische Museum untergebracht, eine der kuriosesten Sammlungen der Stadt. Ein guter Magen sei jedem gewünscht, der sich hier umtut. Doch

Imperiales Ambiente: Schreibzimmer im Palais Liechtenstein.
Aquarell von Rudolf von Alt, 1837

damit nicht genug: Zurück über den Leopold-Bauer-Weg und die Van-Swieten-Gasse zur Währinger Straße, die linker Hand stadtauswärts führt. Auf Nr. 25 ein prächtiges Palais, das Josephinum. 1785 von Joseph II. gegründet, diente diese Medizinisch-chirurgische Akademie der Ausbildung der k. u. k. Militärärzte. Heute beherbergt das Gebäude ein Museum und dokumentiert die Geschichte der Wiener Medizin. Die Sammlung anatomischer Wachspräparate ist weithin bekannt, ausgestellt in zweihundert Jahre alten Vitrinen aus Rosenholz, geschützt durch feinstes Glas aus Venedig. Die Präparate selbst stammen aus florentinischer Werkstatt, phantastische Zeugnisse wissenschaftlicher Modellierkunst. Julian Schutting hat die Stimmung des Josephinums in seinen Betrachtungen über die wächsernen Statuen und Körperteile eingefangen. Die *Mediceische Venus* fällt ihm besonders ins Auge: »als ein Traum der Ophelia scheint dies junge Mädchen auf dem Fließen zwischen Zeit und Ewigkeit dahinstreichenden Flusses mitzufließen, denn wie einen Kranz aus weißen Wasserlilien, Seerosen und Gladiolen hat sie um die Hüfte drapiert die ihr behutsam aus der Bauchhöhle gehobenen Gedärme, auch ihre Lungenflügel, zart und rosa wie schon zu ihrer Zeit nur die von Gebirgsbewohnern, scheinen im Schlaf an ihrer Oberfläche zu atmen, schönes schlafendes Mädchen, das sich von seinem Tode nichts wissen macht.«

In der Währinger Straße 43 lädt das Bezirksmuseum Alsergrund in den dritten Stock. Dort hat man für Arthur Schnitzler einen Gedenkraum eingerichtet. Schnitzlers Laufbahn als Mediziner ist eng mit dem 9. Bezirk verbunden. Er arbeitet als Sekundararzt am Allgemeinen Krankenhaus, später als Assistent seines Vaters, Prof. Johann Schnitzler, an der Poliklinik in der Mariannengasse. Als Elisabethinum kehrt dieses Spital im *Professor Bernhardi* wieder und zeichnet ein Bild jener Jahre, die der Autor selbst dort verbracht hat. Erst als Johann Schnitzler 1893 stirbt, verläßt sein Sohn die Poliklinik und richtet sich eine Privatpraxis ein – um sich dann immer stärker und später ausschließlich dem Schreiben zu widmen.

Im Bezirksmuseum Alsergrund zeichnet man Schnitzlers Leben anhand von Bildern und Dokumenten nach. Ein weiterer Gedenkraum ist Erich Fried gewidmet – ihm werden wir an späterer Stelle dieses Spaziergangs nochmals begegnen –, ein dritter dem Leben und Wirken Heimito von Doderers. Eine Sitzgruppe, Sessel und sein Schreibtisch erinnern an Doderers Wohnung in der Währinger Straße 50, wo er zwischen 1956 und 1966 gelebt und Romane wie *Die Merowinger* oder *Die Wasserfälle von Slunj* geschrieben hat. Allein im 9. Bezirk gibt es 29 Orte, die er literarisch verewigt hat. Die meisten von ihnen in seinem Roman *Die Strudlhofstiege*. Die gleichnamige Prunktreppe erreicht man vom Museum aus über die schräg gegenüber liegende Strudlhofgasse. Drei Jahre hat Heimito von Doderer an seiner *Strudlhofstiege* gearbeitet, zwischen 1946 und 1948. Als der Roman dann im Herbst 1951 erschien, war sein Autor mit einem Schlag in der literarischen Welt etabliert. Er startete zu Lesereisen, Vorträgen, Tourneen – »Triumphzüge«, wie er sie in einem seiner Briefe nennt. Doderer selbst hat die Bedeutung der Stiege für seinen Roman, dieses Porträt der Wiener Gesellschaft der Jahre zwischen 1910 und 1925, in einer Tagebuchaufzeichnung vom 28. Januar 1948 skizziert. »Das Buch zeigt, was alles zum Dasein eines verhältnismäßig einfachen Menschen gehört. Und welcher langen Hebel – von Konstantinopel bis Wien, von Budapest nach Buenos Aires – das

Großer Auftritt: die Strudlhofstiege

Leben bedarf und sich bedient, und wievielerlei Kräfte es daran wendet, um auch nur einen einzigen solchen einfachen Mann durch die Etappen seines Schicksals zu bewegen; welches so sehr zum Kreuzungspunkte vieler Schicksale wird, daß es mitunter fast nur als deren Verbindendes erscheint: an sich, beinahe möchte man's schon glauben, so etwas wie ein Mach'sches ›unrettbares Ich‹. Jedoch es findet hindurch, es gräbt sich seinen Weg. [...] Der genius loci aber, gleichsam die lokale Gottheit einer Wiener Örtlichkeit, der ›Strudlhofstiege‹ zwischen Boltzmanngasse und Liechtensteinstraße, ist der eigentliche Hauptacteur in diesem Buche.«

In der früheren Vorstadt: das Schubert-Geburtshaus
in der Nußdorfer Straße

Eine Stiege als Hauptakteur: errichtet nach Plänen von Theodor Jäger, benannt nach dem Hof- und Kammermaler Peter Strudl, eingeweiht am 29. Oktober 1910 – und wirklich berühmt erst durch Heimito von Doderers Roman. »Hier wurde mehr als wortbar, nämlich schaubar deutlich, daß jeder Weg und jeder Pfad (und auch im unsrigen Garten) mehr ist als eine Verbindung zweier Punkte, deren einen man verläßt, um den anderen zu erreichen, sondern eigenen Wesens, und auch mehr als seine Richtung, die ihn nur absteckt, ein Vorwand, der versinken kann noch bei währendem Gehen. Dort oben, wo rechts die ockergelbe, einzeln und turmartig in den blauen Himmel hochgezogene Schulter eines kleinen, tief in sein inneres möbelhaftes Schweigen versunkenen Palais überstiegen und zurückgelassen wurde von einer hohen, in feinste Ästchen aufgelösten Baumkrone vor dem Sommerhimmel: dort oben schwang sich der Abgang zur ersten Rampe herein, würdig und ausholend in den baumreichen Hang, mit flachen, nicht mit steilen, eiligen, mühseligen Treppen. Hier war empor zu schreiten, hier mußte man herunter gezogen kommen, nicht geschwind hinauf oder herab steigen über die Hühnerleiter formloser Zwecke. Die Stiegen lagen da für jedermann, für's selbstgenuge Pack und Gesindel, aber ihr Bau war bestimmt, sich dem Schritt des Schicksals vorzubereiten, welcher nicht geharnischten Fußes immer gesetzt werden muß, sondern oft fast lautlos auf den leisesten Sohlen tritt, und in Atlasschuhen, oder mit den Trippelschrittchen eines baren armen Herzens, das tickenden Schlags auf seinen Füßlein läuft, auf winzigen bloßen Herzfüßlein und in seiner Not: auch ihm geben die Stiegen, mit Prunk herabkaskierend, das Geleit, und sie sind immer da, und sie ermüden nie uns zu sagen, daß jeder Weg seine eigene Würde hat und auf jeden Fall immer mehr ist als das Ziel.«

Die Strudlhofstiege ist längst zum literarischen Wallfahrtsort geworden. Selbst Claudio Magris konnte sich in seinem Buch über die *Donau* dem Zauber des Platzes nicht entziehen: »Wenn man diese Stufen hinuntergeht, scheint es, als würde man sich der Strömung eines Flusses überlassen, der das Leben selbst sei, der uns fortträgt und irgendwo wieder ans Ufer bringt, an einen Ort, wo wir uns zu Hause fühlen.«

Der Weg über die Treppe gibt den Blick aufs Palais Liechtenstein mit seiner berühmten Sammlung barocker Kunst frei und führt uns die Mauer des Parks entlang über die Liechtensteinstraße weiter zur Alserbachstraße. Dort stößt man geradewegs auf ein schmuckloses Eckhaus. In Nr. 11, im 3. Stock, Tür 16 liegt jene Wohnung, in der Erich Fried von seiner Geburt am 6. Mai 1921 bis zu seiner Emigration im Sommer 1938 gelebt hat. Zu seinen frühesten Kindheitserinnerungen gehört der Salon mit der *Grünen Garnitur* (so auch der Titel einer autobiographischen Erzählung): ein Sofa, zwei Stühle und zwei Sessel. Erbstücke, weitergetragen von Großeltern zu Kindern und Enkeln. Die grünen Plüschbezüge werden immer dünner, das Holz verkratzt. Doch für Erich Fried spiegelt sich in den Möbelstücken seine Geschichte und die seiner Familie. »Am 11. März 1938 zog Hitler in Österreich ein, am 04. April wurden meine Eltern verhaftet. Während der Hausdurchsuchung saß die ganze Familie auf der grünen Garnitur, bewacht von zwei Polizisten. Dann blieb ich allein mit meiner Großmutter zurück. Wir saßen noch zwei oder drei Minuten wortlos da, ich streichelte den Plüsch. [...]

Einen Monat später, am 24. Mai, wurde mein Vater nach

Hause gebracht. ›Wieder einer weniger‹, sagte der eine Polizist. Er schien auf Antwort zu warten und sah die Bilder und die Möbel an. Aber niemand gab Antwort. Dann ging er wieder. Mein Vater mußte auf das Sofa gelegt werden; er versuchte eine Zigarette zu rauchen und lag keuchend und laut röchelnd auf dem grünen Plüsch, bis der alte Hausarzt kam, ihm eine Kampferinjektion gab und ihn ins Krankenhaus schaffen ließ. Er starb am selben Abend; man hatte ihm bei einem Verhör die Magenwand eingetreten.«

Im Juli 1938 wird der Familie Fried die Wohnung in der Alserbachstraße gekündigt. Die Großmutter zieht zu Bekannten, Mutter und Sohn flüchten am 4. August über Belgien nach England. Da ist die grüne Garnitur längst verkauft. Nur einer der Sessel bleibt zurück, er ist kaputt und landet auf dem Dachboden. »Bis 1942 kamen Nachrichten von meiner Großmutter, dann wurde sie nach Theresienstadt geschickt und ist von dort nicht mehr zurückgekommen. Der Bodenkram des Hauses Alserbachstraße 11 ist im Krieg verbrannt, als unsere Nachbarin aus dem obersten Stockwerk sich selbst und ihre Wohnung mit Benzin übergoß und anzündete. Der Schaden ist längst repariert, das Haus sieht von außen wie neu aus. Bei meinen Besuchen in Wien habe ich es nicht wieder betreten.«

Über die Alserbachstraße, an der Markthalle vorbei, erreicht man die Nußdorfer Straße. Ein paar Minuten stadtauswärts, und das Geburtshaus von Franz Schubert ist erreicht, ein Biedermeierhaus in der Nußdorfer Straße 54, dem einstigen Himmelpfortgrund. Peter Härtlings *Schubert*-Roman versetzt sich in jene Zeit zurück, da der 9. Bezirk ein Vorort der Stadt war. Franz Schubert, am 31. Januar 1797 geboren, kam übrigens in einem Schulhaus zur Welt, wie Härtling schreibt. »Das Haus im Neunten Bezirk gibt es noch; es gleicht nicht mehr ganz dem am einstigen Himmelpfortgrund. Was sich heute in der Undurchschaubarkeit der großen Stadt museal hervortut, gehörte damals, Ende des achtzehnten Jahrhunderts, zu einem vorstädtischen Bereich, in dem sich dreitausend Menschen in engen, kargen Wohnungen drängten, Handwerker in den Höfen ihre Werkstätten hatten, Taglöhner neben Beamten lebten, Lehrer neben Dienstboten. Die Enge drückte sie alle auf die Straße, wo von ihnen nicht nur viele Handel trieben und arbeiteten, sondern ebenso entspannten, spielten, flanierten, dem Treiben der Nachbarn nachspionierten.

Die Straßen stanken. Bei Nacht gab es so gut wie kein Licht.«

In Schuberts Geburtshaus ist ein Museum eingerichtet. Zu sehen gibt es dort auch die berühmte Brille und eine seiner Gitarren, zu entdecken ist aber auch ein typisch Wienerisches Biedermeierhaus mit Innenhof und Garten. Sinnig, daß man hier auch zwei Räume Adalbert Stifter gewidmet hat. »Das Malen ist mir lieber als die ganze Welt«, heißt es in seiner Erzählung *Die Nachkommenschaften*, »es gibt gar nichts auf der Erde, was mich tiefer ergreifen könnte als das Malen.« In den Stifter-Gedenkräumen ist ein Gutteil seiner Bilder ausgestellt, darunter die wunderbaren Vorzeichnungen zur *Bewegung* sowie zahlreiche geradezu frühimpressionistisch anmutende *Stein-*, *Fels-* und *Wolkenstudien*.

Und nun? Fast direkt vor dem Museum hält die Straßenbahn Nr. 38. Sie führt hinaus nach Grinzing, zu jenen Heurigen, bei denen sich auch Schubert und Stifter aufgehalten haben. Doch das ist eine andere Geschichte.

An der Peripherie

Die alten Häuser in Wiens Vorstädten werden nicht nur von den Menschen unserer Zeit bewohnt, die strebsam aus ihnen hinauszappeln; sie bewohnen sich vielmehr selbst und schwimmen in ihrer eigenen Aura dahin wie Wolken am Abendhimmel, die vergessen aussehen und stehengelassen von einem längst vergangenen Tage.

Heimito von Doderer, Die enteren Gründ'

X. Vergessener Völker Müdigkeiten

Von Schloß Schönbrunn nach Rodaun

»schembrunn: / bein haubtdoar eine / schembrunn: / bein maxingdial widar ausse.« So könnte man's auch machen, wie H.C. Artmann es vorschlägt: Schönbrunn – beim Haupttor herein, beim Maxingtor heraus. Viel Durchzug hat's hier immer schon gegeben, viel Geschichte. An Schönbrunn, dem Sommersitz der Habsburger, kommt niemand vorbei, der das Wesen der österreichischen Identität begreifen will. Zwischen 1695 und 1711 nach Plänen Fischer von Erlachs als kaiserliches Lust- und Jagdschloß erbaut, zählt Schönbrunn zusammen mit seinen barocken Parkanlagen und dem Tiergarten zu den Attraktionen Wiens. Japanerinnen lassen sich hier in Sisi-Kostümen vor der Hauptstiege photographieren, Kinder schlittern durch die Spiegelsäle, im Kronprinzgarten, Kavalierstrakt oder auf der Gloriette schmaust sich's munter und gediegen. Und überall das Lächeln von Kaiser Franz Joseph – und längst vergessener Völker Müdigkeiten, wie es bei Hofmannsthal heißt.

Wem, wenn nicht Joseph Roth, wird der literarisch Interessierte hier als erstem begegnen? In seinem *Radetzkymarsch* ist es Bezirkshauptmann Franz von Trotta, der sich nach Schönbrunn aufmacht, des Kaisers Gnade für seinen Sohn zu erbitten, der die Familienehre nicht zu bewahren wußte. »Er ließ den Wagen in einer Entfernung halten, die ihm angemessen erschien. Und er ging, mit seinen blendenden Handschuhen an beiden Seiten des schwarzgrünen Fracks, sorgfältig einen Fuß vor den anderen setzend, um die glänzenden Zugstiefel vor dem Staub der Allee zu be-

Imperialer Prunk: Schloß Schönbrunn

wahren, den geraden Weg zum Schönbrunner Schloß empor. Über ihm jubelten die morgendlichen Vögel. Der Duft des Flieders und des Jasmins betäubte ihn. Vor den weißen Kastanienkerzen fiel hier und dort ein Blättchen auf seine Schulter. Er knipste es mit zwei Fingern weg. Langsam ging er die strahlenden flachen Stufen empor, die schon weiß in der Morgensonne lagen. Der Posten salutierte, der Bezirkshauptmann von Trotta betrat das Schloß. [...]

Der Bezirkshauptmann trat näher. Der Kaiser streckte seine magere zitternde Hand aus, eine Greisenhand mit blauen Äderchen und kleinen Knoten an den Fingergelenken. Der Bezirkshauptmann ergriff die Hand des Kaisers und verbeugte sich. Er wollte sie küssen. Er wußte nicht, ob er es wagen dürfte, sie zu halten oder seine eigene Hand so in die des Kaisers zu legen, daß dieser in jeder Sekunde die Möglichkeit hätte, die seine zurückzuziehen. ›Majestät!‹ wiederholte der Bezirkshauptmann, ›ich bitte um Gnade für meinen Sohn.‹

Sie waren wie zwei Brüder. Ein Fremder, der sie in diesem Augenblick erblickt hätte, wäre imstande gewesen, sie für zwei Brüder zu halten. Ihre weißen Backenbärte, ihre abfallenden schmalen Schultern, ihr gleiches körperliches Maß erweckte in beiden den Eindruck, daß sie ihren eigenen Spiegelbildern gegenüberständen. Und der eine glaubte, er hätte sich in einen Bezirkshauptmann verwandelt. Und der andere glaubte, er hätte sich in den Kaiser verwandelt. Zur linken Hand des Kaisers und zur rechten Hand von Trottas standen die zwei großen Fenster des Zimmers offen, auch sie noch verhüllt von sonnengelben Vorhängen. ›Schönes Wetter heut‹! sagte plötzlich Franz Joseph. ›Wunderschönes Wetter heut‹! sagte der Bezirkshauptmann. Und während der Kaiser mit der Linken nach dem Fenster deutete, streckte der Bezirkshauptmann seine Rechte in die gleiche Richtung aus. Und es war dem Kaiser, als stünde er vor seinem eigenen Spiegelbild.«

Die Affaire von Trotta ist vom Tisch. Doch der Arm des Kaisers reicht nicht mehr weit. Kurz darauf wird der Thronfolger Franz Ferdinand erschossen, der Erste Weltkrieg ist da – und mit ihm das Ende der Ära Habsburg. Egon Erwin Kischs Reportage über *Das demokratisierte Schönbrunn* läßt die neuen Zeiten erahnen. »Wenn so ein alter Habsburger, zum Exempel Kaiser Franz Joseph, vom Himmel die Bewilligung bekäme, jetzt oder in zwei Monaten sein Schönbrunner Lustschloß zu besichtigen – er würde die Hände über den Kopf zusammenschlagen.

Der Haupttrakt ist noch ziemlich unverändert geblieben; dort sind Kostbarkeiten von musealem Wert, und seit dem 1. dieses Monats werden Besucher gegen Eintrittsgebühr von einer Krone über die eisglatten Parketts der Fremden- und Zeremonialappartements geführt. [...] Viel größere Veränderungen erfahren die beiden großen Seitengebäude, der Meidlinger und der Hietzinger Kavaliertrakt, auf deren Giebeln anmutige Putten miteinander raufen. Diese langgestreckten Bauten werden im Mai von neuen Mietern bezogen werden. [...] Von der Demokratisierung des Schönbrunner Schlosses werden auch die Stallungen nicht verschont. Sie sollen demnächst als Autogaragen oder als Ställe für Fuhrwerker vermietet werden. Und sogar die intime Schwimmschule, die nahe beim Obelisken inmitten des Wäldchens ein idyllisches Dasein fristete, wird nun ihrer Exklusivität beraubt. Es sind Offerte da, sie zu einem öffentlichen Eislaufplatz und einer öffentlichen Badeanstalt umzugestalten, und demnächst dürfte die Pacht vergeben werden. In diesem Sommer werden schon Bürgerliche in dem Wasser plätschern, das seit Jahrhunderten nur Kaisersöhne zu Gast gesehen hat.«

Von mehreren Seiten ziehen Wege durch den Park, um auf einem Hügel zu enden. Dort thront die Gloriette und überblickt Schloß, Gärten und Stadt. »Zickzackwege führen hinauf zur *Gloriette*, einem leeren Denkmal, gekrönt von dem emblematischen Raubvogel, der seinen verkrampften, geschlossenen Schnabel zur einen Seite hin dreht«, schreibt Cees Nooteboom in *Die Dame auf dem Foto*. »Hier ist etwas imitiert worden, gestohlen. Jemand hat eine Antiquität gewollt, als es sie nicht mehr gab. Das Wesentlichste, das sakrale Element, fehlt, es ist einfach ein Gebäude mit Säulen, das nach allen Seiten hin offen ist, es ist, wieder, die Bestätigung hohler Majestät, die mit der Majestät verschwand und als leere Hülse zurückblieb, die nichts mehr ausdrückt als sich selbst, poströmischer, triumphaler Kitsch. Erst wenn man sich das alles überlegt hat, wird die *Gloriette* wieder schön.«

Auf allen Spazierwegen rund um Schloß und Gloriette wird man immer wieder auf Hinweistafeln stoßen, die auf den Schönbrunner Tiergarten verweisen. 1752 eingerichtet, war er anfangs nur zur Erheiterung und Erbauung der kaiserlichen Familie gedacht. Seit 1778 ist er öffentlich zugänglich und erfreut sich besonders in den letzten Jahren wieder großer Beliebtheit. Ernst Jandl hat ihm eines seiner Gedichte zugeeignet.

Mir gengen nach schenbrunz

Mir gengen nach schenbrunz
Dort steht das tier in gunz
Das tier ist dort ein eingespier

Doch mir, de mensche, sein kein tier
Drum gemma nach schenbrunz

Weitergehen? Wer einen Ausflug mit der Straßenbahn nicht scheut, findet sich nach etwa dreißig Minuten Fahrt, die bei der Kennedybrücke beginnt, in Rodaun wieder. Die Endstation liegt gleich bei der Ketzergasse. Nach einem kurzen Spaziergang gelangt man zum Haus Nr. 471, dem ehemaligen Fuchsschlössl. Hier hat Hugo von Hofmannsthal vom Frühling 1901 bis zu seinem Tod gewohnt. »Das Schönste ist, daß wir ein unglaublich kleines Haus auf dem Land gefunden haben, zwanzig Minuten (Eisenbahn) von Wien, in dem wir Sommer und Winter wohnen werden«, berichtet Hofmannsthal seinem Freund, Eberhard von Bodenhausen. »Es ist zur Zeit der Kaiserin Maria Theresia von einem Fürsten Trautsohn, der ein Schwarzkünstler gewesen sein soll, für seine Geliebte gebaut worden. Es ist nicht größer wie ein Bauernhof, hat ein wunderschön geformtes Schindeldach, einen großen grünen Salon mit bemalten Wänden und einen tiefen, in den schwarzen Felsen gewölbten Keller. Der Garten, voller alter Obstbäume, geht steil den Berg hinauf, oben tritt man durch ein kleines Gartenpförtchen auf einen gepflasterten freien Platz, auf dem Gras wächst; dort steht eine ganz kleine Kirche. [...] Der Ort heißt Rodaun.«

Am 8. Juni 1901 werden Hugo von Hofmannsthal und Gertrud Schlesinger getraut und ziehen in ihr Haus in Rodaun ein. Dort werden auch ihre drei Kinder geboren, Christiane, Franz und Raimund. Von Christiane Zimmer-von Hofmannsthal stammt die Schilderung *Ein Tag in Rodaun*: »Das Haus wirkte herrschaftlich, obgleich es gar nicht sehr groß war. Es hatte eher zuwenig Zimmer für unsere Familie, dafür eine feierliche, gewundene Freitreppe in den ersten Stock hinauf, den großen Salon mit italienischen Fresken an den Wänden, in dem auch noch die originalen Möbel aus dem 18. Jahrhundert standen. Neben dem Salon war das Arbeitszimmer meines Vaters und daneben das sogenannte ›Kammerl‹, eigentlich eine Art Ankleidezimmer. Auf der anderen Seite des Salons war das Schlafzimmer der Eltern und nach rückwärts gegen den Garten mein Zimmer. Keinerlei Toilette oder fließendes Wasser, das gab es nur im Parterre, ein Bad aber überhaupt nicht. Im Parterre war das Zimmer meiner Brüder und daneben das Speisezimmer, dann kam eine Art Anrichte und die Küche. In der Anrichte war auch das fast nie von meinem Vater benützte Telephon, das übrigens nach 5 Uhr nachmittags sowieso nicht mehr zu brauchen war, weil das Postfräulein dann nicht mehr Dienst tat. Im Parterre gab es auch noch ein dunkles Zimmer gegen den Garten, von Köchin und Stubenmädchen bewohnt, und in der frühen Kindheit, als wir Gouvernanten hatten, mußten diese mit mir ein Zimmer teilen. Bis zum Ende des Ersten Weltkriegs hatten wir keine Elektrizität, nur Gas und Petroleumlampen. Geheizt mußte in jedem Zimmer werden, teils mit Holz, teils mit Koks.«

Hofmannsthal hatte sich eine kleine Wohnung in der Wiener Stallburggasse behalten. In ihr wohnte er, wenn es nach Einladungen oder Theaterabenden zu spät wurde für den Heimweg nach Rodaun. Die Sommermonate verbrachte man in Aussee, doch ansonsten wurde das Fuchsschlössl der Lebensmittelpunkt der Familie. Das Gästebuch aus dieser Zeit liest sich wie das *Who's Who* der damaligen Literatur- und Geistesgeschichte: Stefan George, Arthur Schnitzler, Stefan Zweig, Thomas Mann, Gerhart

Hauptmann, Alexander von Zemlinsky, Grete Wiesenthal, Richard Strauss oder Max Reinhardt gingen hier ein und aus. Rainer Maria Rilke und seine Freundin, die Malerin Lou Albert-Lasard, sind im Frühsommer 1916 für ein paar Wochen in jenem barocken Pavillon zu Gast, der zum Fuchsschlössl gehört und ihm auf der anderen Straßenseite gegenüber liegt. In den 28 Jahren, die Hofmannsthal in seinem Haus in der Ketzergasse verbringt, entstehen seine wichtigsten Werke, der *Jedermann*, *Der Schwierige* oder *Der Unbestechliche*, hier hat er die Libretti zu den Strauss-Opern geschrieben, zu *Ariadne auf Naxos*, *Elektra* oder der *Frau ohne Schatten*.

Eine heile Welt? Am 13. Juli 1929 bringt sich Franz von Hofmannsthal um. »Gestern Nachmittag«, schreibt Hofmannsthal an seinen Freund Carl J. Burckhardt, »ist ein großes Unglück über das Rodauner Haus gekommen. Während eines schweren, dumpfen Gewitters hat unser armer Franz sich durch einen Schuß in die Schläfe das Leben genommen. Die Ursache dieser schweren Tat liegt unendlich tief: in den Tiefen des Charakters und des Schicksals.« Am 15. Juli soll Franz von Hofmannsthal am Friedhof von Kalksburg beerdigt werden. Das Grab liegt in Gehweite des Hauses (und ist über die Willer- und Zemlinsky-Gasse in etwa fünfzehn Minuten zu erreichen). Als Hugo von Hofmannsthal zum Begräbnis seines Sohnes aufbricht, wird er vom Schlag getroffen. Er stirbt am Abend desselben Tages, ohne das Bewußtsein wiedererlangt zu haben.

Manche freilich

Manche freilich müssen drunten sterben,
Wo die schweren Ruder der Schiffe streifen,
Andre wohnen bei dem Steuer droben,
Kennen Vogelflug und die Länder der Sterne.

Manche liegen immer mit schweren Gliedern
Bei den Wurzeln des verworrenen Lebens,
Andern sind die Stühle gerichtet
Bei den Sibyllen, den Königinnen,
Und da sitzen sie wie zu Hause,
Leichten Hauptes und leichter Hände.

Doch ein Schatten fällt von jenen Leben
In die anderen Leben hinüber,
Und die leichten sind an die schweren
Wie an Luft und Erde gebunden:

Ganz vergessener Völker Müdigkeiten
Kann ich nicht abtun von meinen Lidern,
Noch weghalten von der erschrockenen Seele
Stummes Niederfallen ferner Sterne.

Viele Geschicke weben neben den meinen,
Durcheinander spielt sie alle das Dasein,
Und mein Teil ist mehr als dieses Lebens
Schlanke Flamme oder schmale Leier.

XI. Wo die Vögel wohnen

Narren und Genarrte: Steinhof

Abend im Herbst.
Auf einem dürren Ast
Sitzt eine Krähe.

Bashō

Am Abend kommen die Krähen. Der Himmel ist dunkel, wenn sie krächzend über die Stadt gleiten und einen Hügel im Westen der Stadt ansteuern, um sich dort auf dürren Bäumen niederzulassen. Schwarze Vögel, einer neben dem anderen. Hunderte, tausende russischer Saatkrähen überwintern jedes Jahr in Wien. Tagsüber schwirren sie in alle Richtungen aus, abends rotten sie sich wieder zusammen. Wie Trauben hängen die Vögel in den Ästen. Ein geheimnisvolles Bild, fast wie von Egon Schiele: Winterlandschaft mit Saatkrähen.

Steinhof ist einer der größten Krähenschlafplätze Europas. Als ob es hier nicht schon genug Vögel gäbe, wie die Wiener meinen. Steinhof ist das bekannteste psychiatrische Krankenhaus der Stadt – und seit Jahrzehnten eine viel besuchte literarische Pilgerstätte. Eine geschlossene Anstalt – und doch auch wieder nicht. Die 1907 eröffnete »Niederösterreichische Landes-Heil- und Pflegeanstalt für Geistes- und Nervenkranke Am Steinhof in Wien« galt als revolutionäres Modell der Krankenbetreuung: Die Patienten waren in Villen und Pavillons untergebracht, umgeben von einer prächtigen Parklandschaft, behütet von einer Kirche am höchsten Punkt des Areals. Innerhalb der dicken Mauern, die Steinhof nach außen abschirmten, gab es alles, was für den Alltag nötig war: eine ertragreiche Landwirtschaft mit Kühen, Schweinen und Geflügel, eine Fleischerei, eine Selcherei, eine Gärtnerei und eine Wäscherei, eine Großküche. Dazu ein eigenes Postamt, eine elektrische Zubringerbahn und eine eigene Müllverbrennungsanlage. Die Kegelbahn und die Tennisplätze nicht zu vergessen, das Schwimmbad und die Bibliothek, und schon gar nicht das Theater.

Franz Berger hat die Anlage konzipiert, doch der Plan, die Pavillons der Anlage um eine Mittelachse herum anzulegen, stammt aus dem Atelier von Otto Wagner, von dem auch der Entwurf für die berühmte Jugendstilkirche stammt. Steinhof wurde schnell zu einem der Wahrzeichen der Stadt. Und so dauerte es nicht lange, bis sich der Ruf der Anstalt in ganz Europa herumgesprochen hatte. Mitglieder des damaligen Geld- und Hochadels wurden hier behandelt, Schauspielerinnen, Maler, Wissenschaftler. Elisabeth Bergner hat für einige Zeit hier gelebt, Trude Neumann, die Tochter Theodor Herzls, der Vater von Elfriede Jelinek, oder Paul Wittgenstein, der Neffe des berühmten Philosophen. In Steinhof seien die Patienten die Weinbeerl'n im Gugelhupf, hieß es damals in Wien: Wer hier landete, war nicht eingesperrt in das öde Zimmer einer Klinik, sondern genoß Freiheiten wie in keinem anderen Sanatorium.

»Da liegt sie, die Gartenstadt der Irrsinnigen, Zufluchtsort an dem Wahnsinn der Welt Gescheiterter, Heimstätte der Narren und Propheten«, hatte Joseph Roth über die *Insel der Unseligen* in Steinhof geschrieben. »Goldregen leuchtet über dem weißen Kies, Kastanien haben festlich leuchtende Knospen angesteckt, und Lerchengeschmetter prasselt nieder aus blauen Lüften. Friedlich im Frühling und blau gebettet ist die Stadt mit dem lächelnden Antlitz und dem vergrämten Herzen. Die Häuser sind alle gleich gebaut und heißen ›Pavillon‹, haben römische Ziffern an der Stirnseite und fest verschlossene Pforten. Um manche ist ein Garten gebaut, und dort lustwandeln, sitzen, laufen, stehen die Hausbewohner herum. Es ist gerade die Zeit, da sie an die Luft geführt werden. Eine Frau hält beide Hände waagrecht vor sich hingestreckt, während sie auf und ab geht, rastlos, unermüdlich, immerzu, summt sie ein melancholisches Lied. Offenbar glaubt sie, ein Kinderwagerl vor sich herzuschieben. Ein Mann hockt auf dem Boden und müht sich vergeblich, deutliche Kreise in die noch harte Erde zu zeichnen. Ein anderer bewegt die Fäuste, dreht eine Faust nach innen, hält die andere waagrecht und still und verfolgt aufmerksam jede seiner eigenen Bewegungen. Aber um andere Häuser ist es still, da ist kein Garten. Das Haus der Tobsüchtigen, der Schwerverbrecher und Breitwieser-Kumpane ist dunkel und dräuend, hat fürsorgliche, feste Eisengitter, durch die von Zeit zu Zeit eine grinsende Menschenfratze heraussieht. Das Haus der Idioten ist dunkel, Trübsinn und Schwermut lagern über dem ganzen Trakt. Innen aber ist es hell, hat viele Glastüren, durch die die Sonne teilnahmsvoll ihre Stiefkinder besucht.«

Im April 1919, als Joseph Roth sein Feuilleton über Steinhof verfaßte, ahnte er noch nicht, wie nah ihm dieser Ort dereinst sein würde. Jahre später ist er neuerlich hier, diesmal als Angehöriger: Seine Frau Friedl ist 1928 psychisch erkrankt, Diagnose: Schizophrenie. Die Schuld an ihrer Krankheit gibt er sich selbst: War sie überfordert durch das unstete Leben an seiner Seite, die nicht enden wollende Übersiedlung von Hotel zu Hotel? Hat er sie mit seiner

Eifersucht zerstört? Eine Odyssee durch zahllose private Praxen und Sanatorien beginnt. Nach der Machtergreifung durch die Nazis in Deutschland werden Roths Bücher verbrannt und seine Publikationsmöglichkeiten im deutschsprachigen Raum eingeschränkt. Nun kann er sich die teuren Behandlungen und privaten Sanatorien nicht mehr leisten. Er muß Friedl in der öffentlichen Anstalt von Steinhof unterbringen. 1939 stirbt er im Pariser Exil. Seine Frau wird 1940 von den Nationalsozialisten umgebracht.

Daß eine Welt zu Ende gehen würde, hat Joseph Roth in seinen Romanen mehrfach vorausgesehen. Es ist kein Zufall, daß eine der letzten Szenen seiner *Kapuzinergruft* in Steinhof spielt. Franz-Ferdinand Trotta besucht den wahnsinnig gewordenen Bruder seines Freundes Graf Chojnicki und hört ihn sagen: »Meine Residenz ist Steinhof. Von nun ab, seitdem ich hier wohne, ist es die Haupt- und Residenzstadt von Österreich. Ich bewahre hier die Krone.«

Österreich ist in Steinhof gelandet, der Wahnsinn nimmt kein Ende.

Joseph Roths Roman ist in den dreißiger Jahren entstanden. Kurz zuvor ist Steinhof auch im Leben von Elias Canetti sehr präsent. Er ist im Sommer 1927 aus der Wiener Innenstadt ins Grüne gezogen. In der Hagenberggasse 47 nahe dem Lainzer Tiergarten mietet er ein Zimmer, das er sechs Jahre lang bewohnt. Von dort aus schaut er übers Wien-Tal und hinüber nach Steinhof. Bäume liegen vor ihm, die zum Erzbischöflichen Garten gehören, wie er sich im zweiten Band seiner Autobiographie, *Die Fackel im Ohr*, erinnert: »Über ihnen aber sah ich auf der anderen Seite des Wien-Tales auf einen Hügel gegenüber, die Stadt der Irren, Steinhof: von einer langen Mauer umgeben, innerhalb deren in früheren Zeiten Platz für eine Stadt gewesen wäre. Sie hatte ihren eigenen Dom, die Kuppel der Kirche von Otto Wagner glänzte bis zu mir herüber, die Stadt bestand aus vielen Pavillons, die aus der Ferne wie Villen wirkten. Seit ich in Wien war, hatte ich von Steinhof sprechen gehört, in dieser Stadt der Irren lebten sechstausend Menschen. Es war nicht eigentlich nah, schien aber doch sehr deutlich, ich versuchte mir einzubilden, daß ich zu den Fenstern in die Säle hineinsehen könnte.«

Ein Blick, der Canetti lange beschäftigt. Im September 1929 – er hat kurz zuvor in Chemie promoviert – beginnt er, ein großes literarisches Projekt zu entwerfen. In deren Zentrum acht menschliche Typen, wie W. – der Wahrheitsmensch, P. – der Phantast oder B. – der Büchermensch. Jeder von ihnen sollte später im Zentrum eines Romans stehen, so der ambitionierte Plan. »Wenn ich zu Hause schrieb (ich schrieb nicht nur unterwegs), hatte ich Steinhof vor Augen, die Pavillons der Irren. Ich dachte an die Insassen dort und setzte sie in Verbindung mit meinen Figuren. Die Mauer um Steinhof wurde auch zur Mauer meines Unternehmens. Ich bestimmte den Pavillon, den ich am deutlichsten sah, und stellte mir einen Krankensaal dort vor, in dem meine Figuren sich schließlich beisammen finden würden. Keiner von ihnen war der Tod als Ende zugedacht. Im Jahr dieser Entwürfe stieg mein Respekt vor denen, die sich so weit von den anderen entfernt hatten, daß sie als Irre galten, und ich hatte nicht das Herz, eine einzige meiner Figuren umzubringen.«

Von all diesen Personen bleibt nur der Büchermensch übrig. Er wird in Kant umgetauft und entwickelt sein Eigenleben. Im Herbst 1931 legt Kant Feuer an seine Bibliothek und verbrennt zusammen mit seinen Büchern. Canettis erster Roman ist fertig. Aus Kant wird Kien, aus *Kant fängt Feuer* schließlich *Die Blendung*.

Canettis Buch ist eines von vielen, die sich Steinhof verdanken oder dort spielen. Ganz gleich, durch welches der beiden Portale man das Areal betritt: Alle Wege führen nach oben, vorbei an den Pavillons, in denen die Helden verschiedenster Romane gelebt haben: der Vater der Erika Kohut aus Elfriede Jelineks *Klavierspielerin*, Paul Wittgenstein aus Thomas Bernhards *Wittgensteins Neffe*, der Ludwig aus *Ritter, Dene, Voss*, die Lori aus Bettina Galvagnis *Persona*.

Die Hauptwege werden von den kleineren Querstraßen rechtwinklig gekreuzt. Ein strenges geometrisches Muster. Doch die Parklandschaft bricht die Strenge auf. Mehr als 50 Gebäude werden von einer hohen Mauer umschlossen, die meisten Pavillons bestechen durch eine Vielzahl architektonischer Details. Sie spiegeln den Wiener Jugendstil und machen Seelen weit, so daß das Leid in den Zimmern und Sälen fast aufgehoben scheint. Im Herzen der Anlage steht das prachtvolle Theater, das auch heute noch für Konzerte, Theater und Opernaufführungen genutzt wird. Direkt davor liegt ein Feld mit 772 Licht-Stelen. Eine Installation, errichtet zur Erinnerung an alle Kinder und Jugendlichen, die 1940/41 in der in Steinhof untergebrachten Nervenheilanstalt *Am Spiegelgrund* umgebracht worden sind. Ein kleines Museum, eingerichtet im Pavillon V, erzählt ihre Geschichte – und die der insgesamt 7500 Patienten von Steinhof, die während der NS-Zeit deportiert und getötet worden sind.

Schräg oberhalb des Gebäudes thront die Kirche, eines der beeindruckendsten Bauwerke, die Otto Wagner geschaffen hat und die, wie Hermann Bahr im *Berliner Tagblatt* vom 6. Juli 1911 schwärmt, »vom Waldesrand golden über der Stadt schwebend, durchaus als die natürliche Vollendung Wiens wirkt«.

Mag sein. Doch in Steinhof ist zu spüren, was Wien auch sein kann: ein Ort, wo Ängste und Schatten wohnen. »Wien ist etwas für mich«, so Friederike Mayröcker in *wienumschlungen* »darüber denke ich nicht mehr nach, an einem Wintertag geht mir mein Schatten lange voran, und ich frage meinen Schatten wohin er geht, wohin gehst du, frage ich meinen Schatten, wohin treibt es dich, ich gehe in Wien in Angst, sagt der Schatten, ich lasse die Sonne in meinem Rücken, ich habe Angst aber ich laufe in Wien davon, ich laufe immer davon, aber ich bleibe in Wien, hier allein kann ich sein, auch mit der Angst. Die Angst wird dann meine Gedankenschrift, je mehr Angst desto mehr Gedankenschrift, manchmal hebe ich ab, der Himmel ist hier am schönsten.«

XII. Melancholie, Melancholie, Melancholie

Zu Besuch bei Arthur Schnitzler

Das Wien Arthur Schnitzlers: Kaum ein anderer Autor hat das Bild der Stadt so sehr geprägt wie er. Seine Erzählungen und Stücke, sein Roman *Der Weg ins Freie* und seine Briefe lassen das Wien der Jahrhundertwende immer neu aufleben. Seine Werke sind Wegmarken, denen man in allen Teilen Wiens immer wieder begegnet, atmosphärisch und real. Ihm, dessen Person allzu oft hinter dem Klischee des oberflächlichen Bonvivants und Frauenhelden verschwindet, sei deshalb ein besonderer Spaziergang gewidmet. Er führt nach Währing, in einen der gutbürgerlichen Wohnbezirke am früheren Stadtrand, und hier in die Spöttelgasse und Sternwartestraße, wo ein Großteil des Schnitzlerschen Œuvres entstanden ist.

»Im Heimgehn ... wieder einmal Spöttelgasse vorbei – ich sah zu den Fenstern auf, hinter denen sieben meiner Lebensjahre, die besten vielleicht, verstrichen sind ... Melancholie, Melancholie, Melancholie.« Seine sieben besten Jahre: Das war für Arthur Schnitzler die Zeit zwischen Sommer 1903 und Frühjahr 1910, wie er in seinem Tagebuch vom 5. Januar 1923 festhält. Ein glücklicher Lebensabschnitt: Schnitzler und seine Frau Olga haben im April 1903, einige Monate vor ihrer Heirat, beschlossen, aus der Innenstadt an die Peripherie zu ziehen. In der Spöttelgasse 7, der heutigen Edmund-Weiß-Gasse, mieten sie eine Wohnung. (Das Haus ist immer noch leicht zu finden: Vom Aumannplatz biegt man in die Türkenschanzstraße ab und von dort nochmals in die Edmund-Weiß-Gasse.) Nummer 7 ist eine stattliche Villa mit prächtigem

»Übergänge – wenn man nur wüßte wohin«: Arthur Schnitzler
in seinen letzten Lebensjahren

Blick über einen Park bis hin zur 1873 errichteten Sternwarte.

Auch Schnitzler ist begeistert: »Neue Wohnung, wunderschön durch Ruhe, Aussicht auf den Sternwartegarten, hohe Lage, Balkon«, notiert er in sein Tagebuch. Von hier aus startet er zu regelmäßigen Spaziergängen, oft gemeinsam mit Olga und Sohn Heinrich, der 1903 gerade einmal ein Jahr alt ist: Der Türkenschanzpark liegt ganz in der Nähe, mit seinen großen Teichanlagen, dem künstlichen Bachlauf und den exotischen Pflanzen. Das Restaurant nicht zu vergessen, auf dessen Terrasse Schnitzler regelmäßig zu Abend aß, allein, mit Olga oder mit Freunden.

Schnitzler erlebt in der Spöttelgasse eine produktive Zeit. Er schreibt Stücke wie *Zwischenspiel*, *Der Ruf des Lebens* oder *Komtesse Mizzi* und, neben einer Reihe von Erzählungen, den Roman *Der Weg ins Freie*. In jenen Tagen ist er auf allen deutschen Bühnen zu Hause. Als dann am 13. September 1909 Tochter Lili geboren wird, scheint das Glück perfekt. Doch Olga drängt: Die Wohnung in der Spöttelgasse sei nun zu eng, man müsse sich schleunigst nach etwas Größerem umsehen.

Am 26. März 1910 besichtigen die beiden ein Haus in der Sternwartestraße 71, einer Parallelstraße zur Spöttelgasse, die über die Türkenschanzstraße schnell zu erreichen ist und beiden sehr zusagt: eine Villa mit Garten, die dem Burgschauspieler Alexander Römpler und seiner Frau, der Schauspielerin Hedwig Bleibtreu, gehört hat und nun zum Verkauf steht. Schnitzler greift zu, etwas ängstlich zwar, aber doch. Im Juli bezieht man das um 1900 errichtete Haus. Schon in der ersten Nacht unter dem neuen Dach kündigen sich dunkle Träume an. »Wache auf, ... in düsterster Stimmung, allein mit meinem Schicksal, wie man's immer zu solchen Stunden. Schreibe an meinem Schreibtisch, mit dem Blick über Veranda auf die Baumwipfel unsres Gartens, Häuservielheit, Morgenhimmel.« (*Tagebuch*, 17. Juli 1910). Ein schlechtes Vorzeichen? »Ruin meines Wiener Hauses«, ist zwölf Jahre später, am 29. August 1922, im *Tagebuch* zu lesen. Mit der Scheidung von Olga, die am 26. Juni 1921 im Beisein eines Rabbiners vollzogen wird, bricht für Schnitzler ein Teil seines Weltgebäudes zusammen. Sein Zuhause erscheint ihm groß und leer, die Erinnerung schmerzhaft: Hier sind seine Kinder aufgewachsen, hier sind Stücke wie *Das weite Land*, *Professor Bernhardi* oder *Der Gang zum Weiher* entstanden, hier haben Olga und er jahrelang bittere Konflikte ausgetragen. Schnitzler ist 59, als die Trennung auch formal vollzogen ist. Er fühlt sich einsam. 1923 begegnet er Clara Katharina Pollaczek, einer Jugendfreundin. Sie begleitet ihn durch seine letzten Jahre. Eine wenig erfüllende und doch beständige Beziehung. Clara, die sich selbst als Schriftstellerin versucht, drängt auf eine Heirat, Schnitzler entzieht sich. Clara muß beobachten, wie sich Schnitzler auch anderen Frauen nähert: Eine jahrelange, innige Freundschaft verbindet ihn mit der um 33 Jahre jüngeren Hedy Kempny, dem *Mädchen mit den 13 Seelen*, wie er sie einmal nennt: Genau 593 Briefe gehen zwischen den beiden hin und her, Hedy ist regelmäßig in der Sternwartestraße zu Gast. Clara ist eifersüchtig – auch auf Suzanne Clauser, die letzte Liebe des Dichters.

Das eigentliche Drama seiner letzten Jahre freilich ist seine Tochter Lili. Sie hat in Italien einen faschistischen Miliz-Hauptmann kennengelernt, Arnoldo Cappellini. Schnitzler äußert Vorbehalte, doch Lili ist von dieser Ehe nicht abzuhalten. Das Paar, das im Juni 1927 heiratet, lebt fortan in Venedig. Am 26. Juli 1928 erreicht Schnitzler in der Sternwartestraße ein Telegramm. Lili sei krank und wünsche seine Anwesenheit. Zusammen mit Olga, die aus Berlin kommend in Wien eintrifft, fliegen die beiden nach Venedig. Als sie dort ankommen, eröffnet ihnen ihr Schwiegersohn, daß sich Lili am Abend des 25. Juli im Badezimmer eingeschlossen und zu erschießen versucht habe. Sie lebt noch, als Arnoldo sie ins Spital bringt. Die Wunde scheint leicht, sie wird operiert, bekommt hohes Fieber und stirbt in der Nacht vom 26. Juli. »Jeder Satz, den ich beginnen will, zerbricht an seiner Unzulänglichkeit, und das Wort Schmerz ist lächerlich geworden, denn nun weiß ich, daß ich das erste Mal erlebe, was Gott damit gemeint hat.« Schnitzler ist fassungslos, wie er in einem Brief an Clara Katharina Pollaczek gesteht: »Fort ist sie – mit ihren 18 Jahren, aus der Welt – dieses himmlische, einzige Wesen – nie, nie kommt sie wieder – und aus der Tiefe dieser Verzweiflung gibt es kein Hinauf.«

Lili Schnitzler

Schnitzler altert in den kommenden drei Jahren zusehends schneller. Am 15. Juli 1929 erfährt Schnitzler, daß sich der Sohn seines Freundes Hugo von Hofmannsthal erschossen hat. Einen Tag später eine weitere Todesnachricht: »Hugo gestern, vor dem Leichenbegängnis seines Sohnes, vom Schlag gerührt – Abends 7 gestorben. – Eine halbe Stunde vorher hatte ich ihm geschrieben.« Besonders nach Januar 1931 verschlechtert sich Schnitzlers Gesundheitszustand rapide. Am Morgen des 21. Oktober 1931 telefoniert er mit Clara Pollaczek und erzählt ihr, er fühle sich nicht wohl. Mittags wird er von seiner Sekretärin Frieda Pollak bewußtlos vorgefunden. Er erwacht nicht mehr. Arthur Schnitzler stirbt am 21. Oktober 1931 zwischen sechs und sieben Uhr abends in seinem Haus in der Sternwartestraße an den Folgen einer Gehirnblutung.

Seinen eigenen Tod hat Schnitzler schon sehr früh vor Augen gehabt und bereits am 29. April 1912 – fast zwanzig Jahre vor seinem Tod – genaue Anweisungen gegeben, wie dann zu verfahren sei.

»Herzstich!

Keine Kränze!

Keine Parte! Auch in den Zeitungen nicht!

Begräbnis letzter Klasse.

Das durch Befolgung dieser Bestimmungen erübrigte Geld ist Spitalszwecken zuzuwenden.

Keine Reden! Vermeidung allen rituellen Beiwerks. (Insbesondere Leichenwächter u. dergl.)

Keine Trauer tragen nach meinem Tode, absolut keine.«

Hartmut Lange hat den Tod des Dichters in der wunderbaren Novelle *Schnitzlers Würgeengel* gestaltet: jene Tage, da sich Schnitzler in seinem Haus von seinem Tod bedroht fühlt, von einem seltsamen Wesen, von Ängsten und merkwürdigen Ahnungen. Der Ich-Erzähler beobachtet den irritierten Dichter. Es sei jemand im Haus, erklärt Schnitzler, und läßt alle Räume vom Keller bis zum Dachboden durchsuchen. Nichts. Ihm sei eben nicht übermäßig wohl, versucht er sich zu beruhigen, er hoffe, daß es, wie so oft, Übergänge seien – »wenn man nur wüßte, wohin – (oder lieber nicht) –«. Und wenn nun doch jemand im Haus ist? Schnitzler läßt unsichtbare Fäden zwischen den Türen anbringen. Ohne daß jemand durchgeht, sind sie kurz darauf zerrissen. Dem Ich-Erzähler wird es unheimlich, er meint einen Schatten zu sehen. »Eigentlich etwas Helles, Hochaufragendes, als stünde dort jemand. Gleichzeitig bemerkte ich, daß es von irgendwoher zog. Es war eine feine, angenehme Luftbewegung, die von unten her bis zu den Kniekehlen reichte, stärker wurde, ein plötzliches Pfeifen und Rütteln, ich mußte mich festhalten.« Ein Würgeengel?

Schnitzlers Villa ist längst nicht mehr in Familienbesitz, doch eine Tafel erinnert an den Dichter. Wer von der Sternwartestraße nochmals nach rechts abbiegt, erreicht über eine kurze Straße den Joseph-Kainz-Platz und den Türkenschanzpark. Dort hat man Schnitzler ein Denkmal gesetzt. Er hat sich hier sehr regelmäßig aufgehalten – und jenes Wien beobachtet, das seine Bücher so prägt. »Mit O. [...] Türkenschanzpark genachtmahlt mit Treßlers und Speidels, viel gelacht. Höchst wienerischer Abend: die Musik, das Programm Ziehrers ›Traum des Reservisten‹, der Kapellmeister (des bosnischen Regiments, an unserem Tisch ein paar Augenblicke), das naive Feuerwerk, die Gesellschaft neben uns, das Mädel, das den jungen Menschen mit Oberschaum füttert, die Wirtstochter, die bildhübsche am Gasthausfenster über uns mit dem ›eleganten‹ Courmacher und den Brüdern u. s. w.« (*Tagebuch*, 22. Juni 1909). Das untergegangene Wien?

XIII. Himmelwärts

Beim Heurigen und im Wienerwald

Was is denn heut nur los,
was is denn heut nur g'schehn,
heut san so überfüllt,
die 38er Wäg'n,
der Schaffner, den i frag',
der schwitzt vor lauter Plag',
und sagt mir gleich den Grund für diesen Feiertag.

Heut kommen d'Engerln auf Urlaub nach Wean,
denn dort war'n s'z'Haus,
drum hab'n s' d'Weanerstadt so gern
hör'n dann die Schrammeln und singen dazua,
d' Leuteln beim Weinderl, die kriag'n gar net gnua.
Hinter an Bam steht Gott Amor und lacht,
viel wird er anstell'n in Wean heute Nacht,
der Petrus im Himmel schaut runter auf Wien,
Weanaleut', Weanafreud', da liegt was drin!

Eines der berühmten Wiener Lieder, Text Franz Josef Hub, Musik Ferry Wunsch. Den 38er Wagen, von dem darin die Rede ist, gibt's immer noch. Und besagte Straßenbahn Nr. 38 fährt vom Zentrum der Stadt, Station Schottentor, hinaus nach Grinzing, wo der Wein, die Wienerlieder und die Schrammeln daheim sind.

Der Wiener Heurige: sehr viel Veltliner, etwas Riesling, Weißer Burgunder oder Müller-Thurgau. Die Rebsorten werden im Weingarten mit- und nebeneinander angebaut

Lachen und Weinen liegen eng beisammen:
beim Heurigen in Grinzing

und gemeinsam gelesen und gekeltert. Auf diese Weise entsteht der gemischte Satz, ein Verschnitt verschiedenster Sorten. Gut 2 500 000 Liter davon werden in der Wiener Region Jahr für Jahr produziert. Ein Großteil dieses jungen Weins, sinnig Heuriger getauft, wird direkt in den Buschenschanken verkauft – auch sie Heurige genannt. Man findet sie in den Vorstadtgemeinden nahe den Weinbergen oder in den ehemaligen Winzerdörfern, wie Grinzing, Nußdorf oder Neustift, die inzwischen längst zu Wien gehören. Stadtheurige sind selten, der typische Heurige ist eher an der Peripherie zu finden. In Grinzing etwa, der wohl bekanntesten Heurigengegend Wiens. Doch was ist nun *Der wahre und der falsche Heurige*? Anton Kuh weiß Rat. »Kommt ein Fremder zum erstenmal nach Wien und erkundigt sich nach jenen Ortsgenüssen und kulturellen Eigenbaugewächsen, die in keinem Reisehandbuch stehen, so hört er unter hundert Malen neunundneunzigmal die Frage: ›Waren Sie schon bei einem Heurigen? Da müssen Sie unbedingt hin! Nach Grinzing, Liebhartstal oder Sievering oder auf die Hohe Warte.‹ Hierauf geschieht dem Mann folgendes: Er wird in ein Auto gepackt und hält nach einer Viertelstunde vor der breiten Einfahrt eines ebenerdigen Hauses, unter dessen Giebel an einem herausgesteckten Besenstiel ein Stück vergilbtes Tannenreisig baumelt – Wahrzeichen des ›Heurigen‹. Eine lange Autokolonne ruht in Vergessenheit, die Chauffeure sind mit eingeladen.

Im Flur springt ihn Fidelität an; da sich hier zumeist jene versteckten Orte befinden, wo sich der Frohsinn substantielle Erleichterung schafft, stapfen paarweise, Dampf vor dem Mund und glasigen Auges, seltsame Giganten über den Hof, indes je drei Weiber in eine verschlossene Holztür hineinreden. Aus dem Hintergrund brodelt etwas Musikalisches, Mischung aus Gebrumm, Gesang und Gefiedel. Das streckt nach dem Ankömmling die Fänge aus, zerrt ihn zu sich nach rückwärts. Er tritt in einen langgestreckten Raum, Dorfschänke von Tanzbodendimension; die Tische sind lang, roh gezimmert, ungedeckt, zu beiden Seiten laufen Sitzbänke. Die Luft brutwarm von einem Qualm, in dem sich Klänge und Gerüche mengen: Tabak, Harmonika, Fusel, Gelächter, Gewisper, Wein und Lied.«

Früher einmal war es so, daß beim Heurigen nur der Wein serviert wurde und sich die Gäste ihre Jause selbst mitbrachten, etwas Brot, Wurst und Käse, manchmal auch kalter Braten. Seit 1784 haben die Wirte die Erlaubnis, auch Essen anzubieten. Und inzwischen ist das Speisenangebot ein weites geworden: Zu den Broten mit Liptauer, Schmalz oder Grammelschmalz kommen die Backhenderln, Blut- und Leberwürste, die Sur- und Schweinsbraten, die Stelzen und die Salate. Als Dessert bieten sich Apfel- und Topfenstrudel an, aber auch die berühmten Pischinger Torten mit Mandeln und Nüssen. Dazu gibt's Musik: manchmal einen Sänger, häufig die berühmten Schrammeln, ein Quartett bestehend aus zwei Geigern, einem Gitarristen und einem Akkordeonisten oder Klarinettisten.

Doch im Zentrum des Heurigen steht der Wein, trocken und spritzig, manchmal auch herb, meist weiß, seltener rot – und süffig allemal. In ihrem Feuilleton über *Wien* hat Milena Jesenská die Wiener beim Feiern beobachtet. »Und Lustigkeit ist der erste Grundsatz Wiens. Lustig um jeden Preis, lustig trotz alledem. [...] Diese gute Laune findet man überall, in einem teuren Nachtlokal und in einer Schenke in Grinzing, wohin die Wiener zu ihrem berühmten Heurigen wandern. Zu der guten Laune gehört ein Klavier, gehören eine Gitarre und sentimentale Lieder.

Wie sie gern lachen, weinen sie auch gern. Der Wiener hat Sinn für Vergnügen, da knausert er nicht. Er ist ein gutmütiger Materialist und leichtsinniger Optimist. Jeder Schuster trachtet danach, gut zu essen und gut zu trinken, wenn er seinen Laden schließt, und er will sich amüsieren, damit das Leben einen Sinn hat. Sonst freut ihn nichts. Er arbeitet weder mit dem Blick auf die Zukunft noch mit dem Willen, ein Ziel zu erreichen. Sondern damit es ihm gut geht.«

Wer durch Grinzing wandert, der kann beobachten, wie gut es den Menschen beim Wein gehen kann. Zufall, daß es hier die Himmelstraße gibt? »Der Wein hat sich g'waschen, der is a Pracht, / Heut' trink'n man hinein bis in d'sinkende Nacht,« dichtet Nestroy in seiner Posse *Der Unbedeutende*, in der er einen Heurigen auf die Bühne stellt. »Der Wein ist zwar jung, denn er ist noch nit alt, / Allein ist er billig, weil'n ein anderer zahlt.«

Und Ferdinand Raimund holt noch weiter aus, wenn er seinem Nachtigall aus dem Zauberspiel *Die gefesselte Phantasie* ein Loblied auf den Heurigen in den Mund legt.

Der Heurige ist ja ein Göttergetränk,
Er wirft oft die schönsten Leut unter die Bänk,
Und wer bei der Nacht will die Sonn' scheinen sehn,
Der darf nur recht spot noch zum Heurigen gehn.
Drum Brüderln, ich rat engs, zum Heurigen trinkts!

Der Heurige gibt einem Menschen erst Lust,
Er stärkt ihm die Leber und frißt ihm die Brust,
Er bringt die Leut früher in Himmel hinein,
Denn mancher, der' n trunken hat, wird schon dort sein.
Drum Brüderln, ich rat engs, ein Heurigen trinkts!

»Zur guten Laune gehört ein Klavier, gehören eine Gitarre und sentimentale Lieder.« Milena Jesenská über den Heurigen

In Grinzing wird man alle Varianten des Heurigen entdekken und je nach Gusto zu seiner (Wein)Seligkeit finden, ob in der Cobenzl-Gasse, Himmelstraße oder Sandgasse. Werner Schneyder hat seinen Stammtisch schon geerbt, wie er launig behauptet.

Wiener Erbfolge

Du sitzt jetzt auf demselben Fleck
im Raum, wo das Buffet ist,
die Schank ganz in der Näh' ist,
beim Heurigen, am Tisch im Eck.

Du saufst wie ich die Vierteln weg.
Es heißt ja: Wer nicht fühlen
will, der muß eben spülen.
Beim Heurigen am Tisch im Eck.

Du brauchst – wie ich – oft ein Versteck,
um Leb'n zu überleben.
Da läßt sich schon was heben,
beim Heurigen, am Tisch im Eck.

Du fragst auch nach dem Lebenszweck
Den Lieben Gott beim Brunzen.
Und liebst wie ich die Blunzen,
beim Heurigen, am Tisch im Eck.

Wer nachmittags beim Heurigen ist – viele dieser Lokale öffnen ohnehin erst gegen 15.00 Uhr – und sich den Bauch mit Blunzen, wie die Blutwurst hier heißt, und Schmalzbroten vollgeschlagen hat, den mag's vielleicht noch zu einem

Spaziergang in die Weinberge ziehen. Einer der Wege führt über die Cobenzlgasse und den Oberen Reisenbergweg hinauf zum Cobenzl, einem der schönsten Aussichtspunkte Wiens. Elfriede Jelinek hat diese Gegend in den *Ausgesperrten* beschrieben. »Die Weinstöcke sind noch nicht erblüht, was erst, einem Wienerlied zufolge, später passieren wird und woanders, nämlich direkt an der Donau, wenn der Wein blüht. Dann werden tausend helle Geigen klingen, sagt das Lied noch und verstummt vor seiner eigenen Blödheit. [...] Der Gehweg ist der Obere Reisenbergweg, welcher sich todesmutig den Buschenschanks von Grinzing entgegenwirft. [...] Alte Villen, die sich in den Tälern hinter Bäumen verstecken, mit wildem Wein bewachsen, dessen zahmer Bruder in vornehmem Abstand für den Villenbesitzer arbeitet und Erträge erwirtschaftet. Die unglaubliche und total irrwitzige Schönheit dieser Stadt drängt sich hier derart rücksichtslos ins Bild, daß sogar Rainer sein Maul zu halten versucht, was ihm allerdings nicht gelingt, und er preist sogleich verbal das Umliegende. Die Luft ist vollständig durchsichtig. Wie Aspik auf einem Gerstner-Brötchen, und das Aspik würde seinerseits behaupten, es sei klar wie die Luft über Weinbergen.«

Ödön von Horváth

Oben auf dem Cobenzl dann der Blick über die Stadt, über die Weinberge bis hin zum Stephansdom, über Cobenzl und Leopoldsberg bis zur Donau, und an allen Seiten auf den Wienerwald, das grüne Herz der Stadt: ein über 100 000 Hektar großer Biosphärenpark, wie ihn die

Unesco nennt. Die Literatur hat poetischere Beschreibungen gefunden, nachzulesen in Horváths *Geschichten aus dem Wienerwald*, in Schnitzlers *Weg ins Freie* oder in Heimito von Doderers *Dämonen*: Der Wienerwald sei keine unbedenkliche Landschaft, läßt er uns darin wissen. »Alles leichtgeschwungen und duftig enteilend. Aber dahinter lauert eine gewisse Schwere, die Schwere der Wehmut.« Zu spüren auch in Rose Ausländers Gedicht.

Wiedersehen mit dem Wiener Wald

Waren wir Feinde
als der Friede schlief

Träumtest du mich
wie ich dich
wurzeltief

Ein Vogel rief
Ich kam zurück

Wirbst du mich
Junigrün
Erlkönig Wald

In deine Wurzeln verstrickt
ich bin eine
Astgestalt

Verwandelst
mein Fühlen mein Denken
meinen Atem grün

Vor lauter Bäumen
Seh ich mich nicht

Vor lauter Vögeln
Hör ich mich nicht

Landpartien

Je müder ich bin
umso lieber
bin ich in Wien

Ernst Jandl,
haiku in wien

XIV. In jene Weite führt der Weg
Franz Kafka und die Künstler von Gugging

Wiener Landpartien. Raus aus der Stadt. Nur wenige Kilometer sind es von der Stadtgrenze nach Klosterneuburg mit seinem berühmten Stift und weiter in den kleinen Ort Kierling. Dort, direkt an der Hauptstraße, verweist eine versteckte Tafel auf ein kleines Museum: Auf Nummer 187 war früher einmal ein Sanatorium, Franz Kafkas letzte Station auf einer Tour durch die verschiedensten Heilanstalten für Lungenkranke.

Am 19. April 1924 bezieht er hier ein südseitiges Zimmer. In den ersten Tagen ist er noch kräftig genug, um zusammen mit seiner Freundin Dora Diamant Ausflüge in den Wienerwald zu unternehmen. Doch dann verschlechtert sich sein Gesundheitszustand. Seine Lungentuberkulose, die in der Folge auch auf den Kehlkopf übergriff, ist viel zu spät entdeckt und behandelt worden, als daß eine Gesundung noch möglich wäre. Kafka selbst hat sich seiner Krankheit nicht rechtzeitig gestellt, wenngleich er die Ursachen für seine körperliche Schwäche und Lebensuntauglichkeit, wie er sie an sich selbst konstatierte, schon Jahre vor Auftreten akuter Symptome mit großer Hellsicht erkannt hatte. In seinem *Tagebuch* stößt man auf erstaunliche Selbstanalysen. »In mir kann ganz gut eine Konzentration auf das Schreiben hin erkannt werden«, ist am 31. Januar 1912 zu lesen. »Als es in meinem Organismus klargeworden war, daß das Schreiben die ergiebigste Richtung meines Wesens sei, drängte sich alles hin und ließ alle Fähigkeiten leer stehn, die sich auf die Freuden des Geschlechtes, des Essens, des Trinkens, des philosophischen

Nachdenkens, der Musik zuallererst, richteten. Ich magerte nach allen diesen Richtungen hin ab. Das war notwendig, weil meine Kräfte in ihrer Gesamtheit so gering waren, daß sie nur gesammelt dem Zweck des Schreibens halbwegs dienen konnten.«

Erst als Todkrankem wird ihm die weitreichende Konsequenz seiner Haltung bewußt. Er, der vor Liebesbeziehungen immer geflüchtet ist, hat im Sommer 1923 erstmals eine Frau kennengelernt, der er sich vollends öffnen kann. Zu spät. Dora Diamant begleitet ihn zwar bis zu seinem Tod, also ein knappes Jahr lang, doch retten kann sie ihn nicht mehr, obwohl sie ihn auch in Kierling Tag und Nacht betreut.

Nach Kafkas Tod verliert sich die Spur der Dora Diamant. Jürg Amann hat ihr in *Nachgerufen* einen Monolog in den Mund gelegt, der Kafkas psychische Disposition aus ihrer Sicht anklingen läßt.

»Ich verstehe dich nicht. Ich kann dich nicht mehr verstehen. Es ist zu spät, Franz. In dir hat die Krankheit gehaust wie ein hungriges Tier. Es läßt nichts zurück. Du weißt es. Du selbst hast es gefüttert. Du hast deine Freude daran gehabt. Das tägliche Füttern des Raubtiers ist deine Freude gewesen. Hat Farbe ins Grau deiner Tage gebracht. Blut in dein Leben. Daß es dein eigenes Blut gewesen ist, hast du zu spät bedacht. [...] Warum hast du nicht auf dich aufgepaßt? Du hättest doch gesund bleiben können und schreiben. Dein ganzes Leben lang, das dann ein längeres Leben gewesen wäre. Mich läßt du doch schließlich zurück. Denkst du denn nicht an mich? Hast du denn immer nur an deine Arbeit gedacht?«

Im Sanatorium Dr. Hoffmann wird schnell klar, daß sich die ärztliche Behandlung darauf beschränken muß, Kafkas

Schmerzen zu lindern und ihm das Sterben zu erleichtern. Man legt ihn in ein Zimmer, das den Blick freigibt auf Rosenbeete und den Kierlingbach, auf Weinberge und den Wienerwald. Unter großen Anstrengungen korrigiert Kafka die Fahnen von *Der Hungerkünstler*, die ihm sein Verlag nach Kierling geschickt hat. Er selbst kann kaum mehr essen, so sehr er es möchte. Teile der Erzählung klingen wie ein Spiegel seiner Leiden. »Doch vergingen wieder viele Tage, und auch das nahm ein Ende. Einmal fiel dem Aufseher der Käfig auf, und er fragte die Diener, warum man diesen gut brauchbaren Käfig mit dem verfaulten Stroh drinnen unbenützt stehenlasse; niemand wußte es, bis sich einer mit Hilfe der Ziffertafel an den Hungerkünstler erinnerte. Man rührte mit Stangen das Stroh auf und fand den Hungerkünstler darin. ›Du hungerst noch immer?‹ fragte der Aufseher. ›Wann wirst du denn endlich aufhören.‹ ›Verzeiht mir alle‹, flüsterte der Hungerkünstler; nur der Aufseher, der das Ohr ans Gitter hielt, verstand ihn. ›Gewiß‹, sagte der Aufseher und legte den Finger an die Stirn, um damit den Zustand des Hungerkünstlers dem Personal anzudeuten, ›wir verzeihen dir.‹ ›Immerfort wollte ich, daß ihr mein Hungern bewundert‹, sagte der Hungerkünstler. ›Wir bewundern es auch‹, sagte der Aufseher entgegenkommend. ›Ihr solltet es aber nicht bewundern, ich kann nicht anders‹, sagte der Hungerkünstler. ›Da sieh mal einer‹, sagte der Aufseher, ›warum kannst du denn nicht anders?‹ ›Weil ich‹, sagte der Hungerkünstler, hob das Köpfchen ein wenig und sprach wie mit zum Kuß gespitzten Lippen gerade in das Ohr des Aufsehers hinein, damit nichts verloren ginge, ›weil ich nicht die Speise finden konnte, die mir schmeckt. Hätte ich sie gefunden, glaube mir, ich hätte kein Aufsehen gemacht und mich vollgegessen wie du und alle.‹ Das waren die letzten Worte, aber noch in seinen gebrochenen Augen war die feste, wenn auch nicht mehr stolze Überzeugung, daß er weiterhungere.«

Am 3. Juni 1924 starb Franz Kafka. Sein Tod blieb beinahe unbemerkt, auch die Wiener Presse nimmt davon kaum Notiz, oder um's mit Anton Kuh zu sagen: kein Causeur-Hahn krähte nach ihm. Einzig Milena Jesenská, die Milena aus den berühmten Briefen, verstand es, der Bedeutung seines Werkes in einem Nachruf gerecht zu werden. »Er war zu hellsichtig, zu weise, um leben zu können, zu schwach, um mit der Schwäche der edlen, schönen Menschen zu kämpfen, die den Kampf nicht aus Furcht vor Mißverständnissen, Lieblosigkeiten und geistiger Lüge meiden, obwohl sie im voraus wissen, daß sie machtlos sind, und die so unterliegen, daß sie den Sieger bloßstellen. Er kannte die Menschen, wie sie nur ein Mann von großer nervlicher Empfindsamkeit zu kennen vermag, jemand, der einsam ist und einen Menschen sogar prophetisch an einem einzigen Aufflackern des Gesichts durchschaut. Er kannte die Welt auf ungewöhnliche und tiefe Weise, war selber eine ungewöhnliche und tiefe Welt.«

Am 5. Juni 1924 wird Kafka nach Prag überführt und dort auf dem Neuen Jüdischen Friedhof begraben. Kurz nach seinem Tod setzt eine breite Rezeption ein, in die nicht zuletzt auch die in Klosterneuburg beheimatete Österreichische Franz-Kafka-Gesellschaft einstimmt. Sie betreut, neben regelmäßig organisierten Symposien und diversen Schriftreihen, auch den Gedenkraum, der in einem der früheren Krankenzimmer des Kierlinger Sanatoriums untergebracht ist. Anhand von Bildern und Briefen des Dichters entsteht ein berührendes Bild, das Kafkas Bemühungen zeigt, für sein Leben zu kämpfen. Noch am 2. Juni 1924 schreibt er seinen Eltern, um deren Besuch zu verhindern. Die Reise sei zu beschwerlich für die beiden, gibt er zu bedenken, man denke allein schon an die Schwierigkeiten, einen Paß zu bekommen. Und überhaupt: Er selbst sei nicht gut bei Stimme und noch nicht wirklich kräftig, indes: »Alles ist in besten Anfängen. [...] Sollen wir es nicht also vorläufig bleiben lassen, meine lieben Eltern?« Einen Tag später ist Franz Kafka tot. Hat er geahnt, wie es um ihn stand, hat er seine Eltern zu schonen versucht, selbst noch an seine Heilung geglaubt? »So fest wie die Hand den Stein hält. Sie hält ihn aber fest, nur um ihn desto weiter zu verwerfen«, liest man in Kafkas *Betrachtungen.* »Aber auch in jene Weite führt der Weg.«

Von Kafkas Sterbehaus ist es nicht weit zu den Gugginger Künstlern. August Walla, Johann Hauser, Oswald Tschirtner oder Johann Korec gehören zu den bekanntesten Exponenten der Art Brut, ihre Bilder werden teuer gehandelt und sind in den berühmtesten Sammlungen der Welt zu finden. In Gugging hat man den Künstlern ein Museum und eine Galerie eingerichtet. Zu bestaunen ist hier auch der Pavillon, in dem sie lebten und leben: über und über bemalt und mit seltsamen Wörtern und Lettern geschmückt. Im Garten Tische, Bänke und Sessel, Pfosten und Bäume der anderen Art, bunt verziert, mit geheimnisvollen Zeichen versehen. Einige davon stammen vielleicht auch von Ernst Herbeck oder Edmund Mach, den beiden berühmtesten Dichtern der Gugginger Künstlerkolonie. Ihre Literatur verdankt sich dem fremden Blick, der veränderten Weltsicht eines psychisch Kranken. »Der Geisteskranke ist nett u. arm«, dichtet Edmund Mach, »spazierend durch die Säle,/ er redet vor sich hin / und sammelt Worte ohnegleich.« Und wird dann, ab und an zumindest, zum *Dichter*: »Ist langsam beginnend / schreibend / in seinen Zeilen verharrend, bis Ende kommend / das ist der Dichter.«

Zu jenen, die immer wieder für die Gugginger Künstler eingetreten sind, gehören Ernst Jandl, Friederike Mayröcker, Gerhard Roth und André Heller. Die Begegnung dieser Autoren evozierte eine Reihe literarischer Dialoge, besonders auch zwischen Ernst Herbeck, Friederike Mayröcker und Ernst Jandl. Herbecks Gedicht *Der Traum* etwa ist Jandl gewidmet.

Der Traum ist ein Papier
der Traum ist zur Nacht
da kam der Pförtner
der die Tore aufmacht.

der Traum ist klares Licht
der Tod ist die Frau
der Tag ist der Traum
und der Baum ist der Traum.

Sowohl Mayröcker als auch Jandl haben auf den poetischen Mikrokosmos der Gugginger Künstler reagiert und sich davon inspirieren lassen, jeder auf seine Weise.

Friederike Mayröcker
Zwergk oder Todt, nach Ernst Herbeck

Todt: als hätte ich früher da gewohnt und käme nur
1 Kuckuck (lang) zurück / und iszt sein *mal* und AU,
der Wald
so tief hinab zur See – da hör ich meine Stimme wieder
(die halbe
Nacht auf meinem Strumpf gelegen im Bazar). Lamento
spricht es
im Bazar wie fühlt sich diese Rosenschleife an, wie fühlt
sich dieser Strumpf wenn er die halbe Nacht in
MEINEM WASSER
undsoweiter, sehr plündernd nasser Zipfel Grün auf
1 Stuhl,
der kleine Pappendeckeltisch auf meinem Knie und grünes
Sofa in der Küche / was rasende Tapete rasend Jahreszeit –
ich schreibe dies mit *hammelndem* Gebein mit neuerdings
im Wald und Efeu Auge, und in den welken Blättern
blaszgestellt
geritzter Schädel, und hört sich an als ob I Schneeblatt
mitten in der Nacht. BRÜLLWUNDER ist im Korb, Reseden
Büsche von Reseden, der von der Gabel durchgeflochtene
Teller
(kreisrunde Vögel rufen mir : »Il pleut il pleut so viel
NOËL
und längst verzehrt«)

Ernst Jandl
das kalb

für ernst herbeck

das kalb ist halt, auch bald
um zu schlachten es werden
damit das kalbfleisch haben
aber oft gesehen worden ist
das kalb als gar freundlich
wo von der wiese frißt es
neben der kuh die ist gewesen
ein kalb auch einmal, aber nicht
geschlachtet bisher sondern milch
wegen der milch nämlich
leben gelassen.
(das kalb ist auch halb
in der größe)

XV. Der Tod, das muß ein Wiener sein
Ausflüge in den Hades

> Der Tod ist eine viel zu ernste Angelegenheit, als daß man die seelische Kompetenz über ihn Nichtwienern überlassen darf.
>
> *Robert Schindel, Mein Wien*

»Der Tod, das muß ein Wiener sein, genau wie die Lieb' a Französin«, heißt es bei Georg Kreisler. Und Robert Schindel führt den Gedanken in *Mein Wien* noch weiter: »Der Wiener hat ja eine Leidenschaft zum Theater, grade wenn es mitten im Leben spielt. Jeder Mord ist hier vor allem ein Mordstheater, ein Ereignis, und wird nicht vergessen. [...] Der Tod ist in Wien allgegenwärtig, er ist der rauschige Vater des wienerischen Gelächters. Das Sterben aber, das dramatische Vorspiel, das ist ein Buchenschank, ein Heuriger und seine Musik.«

Und so ist es auch. Die Nekrophilie der Wiener ist längst sprichwörtlich: Kaum legt sich Nebel über die Stadt, pilgern sie auf den Zentralfriedhof, huldigen der »schönen Leich« und fahren dann zum Heurigen, um dort auf den Tod anzustoßen und bei Schweinsbraten und Blutwurst über das Sterben zu sinnieren. Die Fröhlichkeit kippt schnell in Sarkasmus und Melancholie, das Kokettieren mit der eigenen Endlichkeit scheint Lebenselixier. Der Tod sitzt mit am Tisch, mit ihm ist man schnell auf Du und Du. Man sieht ihn oft genug. Tag für Tag streunt er durch die Stadt, jede Sekunde kann er um die Ecke biegen. Er geht vorbei – oder auch nicht. Aber da ist er immer. Oder wie es bei Hertha Kräftner heißt: »Ach, der Tod wird nach Pfeffer / und Majoran riechen, / weil er vorher im Laden beim

Krämer saß, / der am silbrigen Schwanz / eines Salzherings erstickte.«

So schnell kann's gehen. Gerhard Rühms *projekt zur errichtung einer neuen stadt WIEN* baut dem Tod sogar ein eigenes Haus: »es handelt sich um die errichtung von vier gebäuden, von welchen das erste die form des buchstaben W, das zweite die des buchstabens I, das dritte die des buchstaben E und das vierte schließlich die form des buchstaben N hat.« Im ersten Gebäude ist die Verwaltung mit ihren Beamten untergebracht, das zweite dient der Besinnung, das dritte dem sexuellen Leben und das vierte? Dem Sterben, wem sonst? »in der ersten säule des vierten gebäudes warten die alten und kranken bewohner auf ihren tod. von oben erklingt zum zeitvertreib heurigenmusik. wenn die leute zusammensinken, saugt sie ein apparat hoch, von wo sie den schrägen gang hinabgleiten – der ist genügend tief in die erde verlängert; am besten, dieses letzte gebäude grenzt an einen fluß, der die leichen gleich wegschwemmt. an der decke der zweiten säule können schwarze kutten hängen, aus welchen ihnen kreuze nachfallen.«

Wien und der Tod, die Wiener und ihre Friedhöfe, die Dichter und ihre Gräber: ein Rundgang Richtung Hades, in mehreren Etappen: vom Zentralfriedhof über den Biedermeier-Friedhof St. Marx zum Friedhof der Namenlosen.

Zwei Schilling zwanzig
Ein billiges Vergnügen: Der Zentralfriedhof

»Herr Karl: Ich schlaf ja guat. Net immer natürlich. Manchmal, wenn i so lieg, hör i die Rettung vorbeifahren ... tatüü ... tata ... dann denk i ma nur: Karl, du bist as net ...«

Carl Merz, Helmut Qualtinger, Der Herr Karl

Nur »zwa schüleng zwanzk / kost s da nua / bis ausse zun gremadorium«, weiß H. C. Artmann. Nur zwei Schilling zwanzig also. Ein bißchen mehr ist es inzwischen schon geworden, und doch: Nicht zuviel für eine Fahrt mit dem »anasibzkawong«, der Straßenbahnlinie Nr. 71, die eine Reise zu einer speziell Wienerischen Lustbarkeit verspricht: zum Krematorium und dem legendären Wiener Zentralfriedhof.

Schon der Weg durch die Simmeringer Hauptstraße wird zur Wallfahrt eigener Art. »Die Simmeringer Hauptstraße ist die traurigste Straße Wiens«, berichtet Alfred Polgar. »Sie beginnt mit Kaserne und Krankenhaus und endet mit dem Friedhof. Dazwischen: Fabriken, ein Kino, Pferdefleischhauereien. Zuchthaus ist keines auf der Simmeringer Hauptstraße. Sie ist lang, entsetzlich lang. So lang wie eine schlaflose Nacht. So lang wie vergebliches Warten auf einen geliebten Menschen. So lang wie die Zeremonien vorm Galgen. Die Simmeringer Hauptstraße hört nicht auf. Sie ist eine chronische Straße.«

Und sie führt geradewegs auf die Totenstadt zu, die zu Allerheiligen 1874 vor den Toren der Stadt eröffnet wurde. Im Laufe der Jahrzehnte herrschte am Zentralfriedhof immer wieder rege Bautätigkeit: Die massiven Tore wurden errichtet, Aufbahrungshallen und die Dr. Karl-Lueger-Kirche, die der Architekt Max Hegele geplant hat, in einer Mischung aus Historismus und Jugendstil. Mit dem Entwurf des Krematoriums – in seinem Kreuzgang liegen heute die Urnen von H. C. Artmann, Roda Roda oder George Saiko – hat man Clemens Holzmeister beauftragt, mit der Gestaltung der Fresken im Kuppelraum den Maler Anton Kolig.

Der Zweite Weltkrieg und die Bombardierung Wiens fügten dem Zentralfriedhof großen Schaden zu: 12 000 Gräber und 200 Grüfte wurden zerstört, 4000 Leichen mußten neu begraben werden. Bis heute sind am Zentralfriedhof mehr als vier Millionen Tote begraben. Lauthals betrauert und regelmäßig besucht, auch von Touristen aus aller Welt: das Wiener Pantheon, die gut 260 Ehrengräber, in denen die Prominenten begraben sind, Politiker, Dichter, Maler, Sänger, Schauspieler, aber auch Fußballspieler und Chirurgen. »In Wien mußt erst sterben, damit sie dich hochleben lassen. Aber dann lebst lang«, hat Helmut Qualtinger behauptet. Und wahrscheinlich hat er recht. Auch er selbst ist am Zentralfriedhof begraben – wo sonst?

Das zweite Tor ist zugleich der Haupteingang. Wer sich nach links wendet und der Friedhofsmauer folgt, gelangt zu einem besonders intimen Teil des Zentralfriedhofs, der Gruppe 0, wie der Plan vorgibt, der jedem Besucher beim Portier kostenlos ausgehändigt wird. In jenem versteckten Winkel stehen die Grabsteine der Reiseschriftstellerin Ida Pfeiffer und der Dichterinnen Betty Paoli und Karoline Pichler, deren Salon das schöngeistige Wien des Biedermeier versammelte. Nicht weit davon entfernt hat man Richard Engländer, alias Peter Altenberg, Berthold Viertel und Adolf Loos beerdigt.

Sehr viel prestigeträchtiger die Lage der Ehrengräber, in denen die anderen Künstler und Autoren ihre Ruhestätte gefunden haben: Sie liegen entlang der Straße, die direkt auf die Kirche zuläuft. Ludwig Anzengruber besetzt ein pompöses Eckgrab in der Gruppe 14 A, ähnlich der Lustspieldichter und Grillparzer-Freund Eduard von Bauernfeld in 32 A. Dagegen nimmt sich das Grab von Johann Nestroy, nicht weit davon entfernt, geradezu bescheiden aus – sieht man von seinen prominenten Nachbarn ab: Beethoven, Brahms, Schubert, Johann Strauß und Hugo Wolf. Zwei Gräberfelder weiter dann Franz Theodor Csokor, Albert Paris Gütersloh, Helmut Qualtinger, Fritz Hochwälder und Franz Werfel, umgeben von prominenten Künstlern wie Hans Moser, Fritz Wotruba oder Arnold Schönberg. Alle da und ihrer noch mehr.

Doch man sollte sich auch Zeit nehmen, durch die Parklandschaft des übrigen Zentralfriedhofs zu streifen, um seine eigenen Entdeckungen zu machen. Hier spiegle sich die österreichische Geschichte »stumm, doch verläßlicher als jedes Lehrbuch«, liest man in Dimitré Dinevs Roman *Engelszungen*. Und so ist es wohl auch. Wer westwärts wandert, wird nach einiger Zeit zum Gräberfeld 5 A gelangen, und dort zu jenem schlichten Stein, den man für Karl Kraus errichtet hat. Ein paar Schritte weiter und der vielleicht schönste Teil des Zentralfriedhofs ist erreicht, der alte Jüdische Friedhof. Arthur Schnitzler hat man unter einem bescheidenen Granitblock in der ersten Reihe beerdigt, und direkt neben ihm Friedrich Torberg, Goldlettern auf Marmor. Dahinter tut sich eine eigene Welt auf: Die Zuckers, Friedmanns, Springers und Fischhofs sind hier begraben und mit ihnen all jene jüdischen Familien, die das Leben Wiens über Jahrhunderte lang mitge-

Melancholie der Vergänglichkeit: am Zentralfriedhof

prägt haben. Prächtige Sarkophage mit hebräischen Buchstaben, geschmückt mit den Symbolen der jüdischen Ikonographie, thronen unter Bäumen, einfache Grabsteine verschwinden im Grün. Marmorsäulen bröckeln, die Dächer der kleinen Tempel haben Löcher bekommen, Eisengitter rosten. Etliche dieser Gräber sind leer: »Gestorben in Theresienstadt«, steht da zu lesen, oder »umgekommen in Auschwitz«. Narben, die nicht verheilen. *Der gute Ort zu Wien* nennt Franz Werfel eines seiner Gedichte, und stellt ihm eine Zeitungsnotiz voran: »Juni 1938: In Wien ist den Juden der Besuch aller öffentlichen Anlagen und Gärten untersagt worden. Ihnen bleibt demnach nur die israelitische Abteilung des Zentralfriedhofs zur Erholung.«

[...] In Väterzeiten lang verdorrt,
Da hieß der Friedhof: »Guter Ort.«
Nun ist, als Schutz vor feigen Horden,
Zum guten Ort er wieder worden.

Auf seinen Wegen und Alleen
Herrscht großes Kommen, großes Gehen,
Als würden alle, hier begraben,
In diesen Tagen Jahrzeit haben.

Man liest die Namen neu und alt,
Umdrängt der Steine Rundgestalt,
Und zu den streng erstaunten Steinen
Dringt Sorgenschwatz und Kinderweinen.

Senk deine Stimme Israel,
Es ruft ein höherer Befehl.

Dieweil du wähnst, dich zu erholen,
Bist eigens du hierher befohlen. [...]

Jetzt aber steigt aus Heck und Strauch
Ein zittern unsichtbarer Rauch,
Und zwischen Lebenden und Schemen
Schwebt flüsterstummes Abschiednehmen. [...]

Privatier und Hausbesitzer
Des Bürgers Idylle:
Der Biedermeier-Friedhof St. Marx

Mit Steinen füllt die Zeit ihr Maß
die Urnen sammeln Vogellieder
Unsterblichkeit im Nest aus Flieder,
gerecht und bitter wächst das Gras.

Christine Busta, Auf dem alten Friedhof von St. Marx

Zuwenig Geld zu haben, kann auch ein Glück sein. Und in diesem Fall war es eines: Eigentlich hätte der Friedhof von St. Marx schon zu Beginn des letzten Jahrhunderts geschleift werden sollen, er hatte ausgedient. Mit Eröffnung des Zentralfriedhofs wurden seine Tore geschlossen. Prominente Tote wie Ida Pfeiffer oder Betty Paoli hatte man noch kurz vorher in die Ehrengräber in Simmering verlegt, nun sollte St. Marx verschwinden. Doch die Stadt scheute die Kosten – und verschob ihr Vorhaben. Zu teuer, hieß es immer wieder. Die Natur überwucherte den Friedhof von allen Seiten. Welch Kleinod sich hinter den hohen Backsteinmauern und unter Efeu, Kastanienbäumen und

Ahorn verbarg, entdeckte erst der Heimatforscher Hans Pemmer. Ihm ist es zu verdanken, daß Wiens dereinst zweitgrößter Friedhof überlebt hat – als Park und poetische Landschaft. Gut 6000 Grabsteine führen mitten ins Biedermeier, in die Salons der Privatiers und Hausbesitzer, in die Gaststuben, wo sich k. u. k. Kohlenhändler und bürgerliche Schlosser trafen, in die Werkstätten der Glasbläser, Gemmenschneider und Bugholztischler. »Hier ruht der ehrsame Herr Gabriel Primmer, bürgerlicher Küchengärtner, gewesener Vorsteher und Grundgerichts-Besitzer unter den Weißgärbern. Gestorben den 13. Oktober 1834 im 67. Jahre seines Lebens und seines Ehestandes des 45.« Oder: »Elisabeth Mayer, bürgerl. Rauchfangkehrermeisters-Gattin in der Leopoldstadt, gestorben am 23. Jänner 1859 im 45. Lebensjahr«.

Der Friedhof als Museum, ein Stück Sozialgeschichte. Hermann Lenz hat sich in seinem Roman *Die Augen eines Dieners* in jene Zeit zurückversetzt, da der Friedhof schon zum Park geworden war. An einem Septembertag des Jahres 1912 läßt er eine Pferdekutsche vor dem St. Marxer Friedhof halten. Fanny von Czechrod ist in melancholischer Stimmung. Sie liebt ihren zukünftigen Mann nicht wirklich, doch sie weiß, daß sie ihn heiraten muß. Zumindest der Diener Wasik wird sie in ihr neues Zuhause begleiten – so wie er auch jetzt mit ihr über den Friedhof spaziert. »Es war ein längst aufgelassener Friedhof; also achtzig Jahre war es bestimmt her, seitdem hier niemand mehr beerdigt worden war. Die Büsche waren ausgewachsen und bogen sich über den Wegen. Du mußt dich ducken, fast mußt du hindurchkriechen. Unter den Wölbungen der Büsche war das Gras verschwunden, und nur brauner Boden streckte sich. Auf einem Stein stand ›Freiherr von

Odelga‹. Eine Grabplatte war moosig und hatte zwei rostige Ringe. Dann kam Fanny hinter einem Busch hervor und sagte: ›Ziehen Sie doch einmal an den Ringen, Wasik, vielleicht bringen Sie die Platte hoch.‹ – ›Ich habe keine Lust, hinabzusteigen‹, sagte er – ›Ich schon …‹«

Das Grab des Freiherrn gibt es auch heute noch, im ersten Drittel des Friedhofs, links des Hauptweges: ein schlichter weißer Stein. »Geheimer Rath und Fahrzeugmeister Josef Freiherr von Odelga. 2. Inhaber des k. k. Linien-Inft. Regiments No. 24, *22. 2. 1770, † 29. 4. 1857. Dessen Gattin Anna Freiin von Odelga, geb. Sinke, *11. 1. 1798, † 14. 7. 1861.« Viel scheinen die Jahre nicht verändert zu haben. Ab und zu werden Sträucher und Rasen geschnitten, doch sonst?

Allein ein einziges Grab ist neu – und viel besucht: Es ist Mozart gewidmet – und leer. Die Geschichte seines Grabes gleicht einer österreichischen Groteske: Mozart, am 5. Dezember 1791 verstorben, wurde tags darauf in der Kreuzkapelle von St. Stephan eingesargt. Seine Witwe hatte ein Begräbnis II. Klasse bestellt – und so sah es denn auch aus: Nur wenige Trauergäste folgten der Totenkiste, die in einem Schachtgrab in St. Marx versenkt worden sein soll. Genau weiß es niemand, es sind weder Kreuz noch Tafel mit seinem Namen angebracht worden. Wozu auch? Tot ist tot. Als man sich Anfang des 19. Jahrhunderts für Mozarts Grab zu interessieren begann, war es unmöglich, die Gebeine des Komponisten zu lokalisieren oder gar identifizieren. Trotzdem wurde einer der Totenköpfe als Mozartschädel deklariert und ist seither im Besitz des Salzburger Mozarteums. Und am Friedhof selbst errichtete man ein vielbesuchtes Denkmal.

Hermann Lenz schickt seinen Helden aus *Die Augen*

eines Dieners, Wasik, im Frühjahr 1938 ein zweites Mal hierher. Nichts ist, wie es war. Aus dem Diener ist ein Beamter geworden, aus dem k. u. k. Reich eine Republik, die sich gerade erst in die Arme Großdeutschlands gestürzt hat. Nur die Vögel singen wie damals. »Im Friedhof saß ein Mädchen auf einer Bank und strickte; es lächelte Wasik an, es war ein Kind, etwa elfjährig. Sonst war der Friedhof leer, schwarz und braun; die Zweige hatten Knospen; beim Gehen stäubte es im vorjährigen Laub, und Mücken flogen. Er fand den Weg, den er vor sechsundzwanzig Jahren mit der Frau gegangen war, und dieser Weg zeigte sich unverändert; nur daß er damals grün gewesen war, obwohl in anderthalb Monaten hier auch wieder alles so wie damals war. Eine gebrochene Säule tauchte auf, und davor hielt ein Genius die Fackel nieder. Die Säule war so hoch wie Wasik, und der Genius ein Kind. Ein Denkstein für einen berühmten Mann; niemand wußte, wo er hier beerdigt worden war, denn damals hatten sie ihn in ein Massengrab gelegt; aber der Stein schien hell, während das Zwielicht sich zusammenfaltete und floß. ›Du bist froh, daß noch Festes da ist‹, dachte er, ging wieder und suchte das Mädchen. Jetzt saß es um die Ecke des Backsteinhauses neben dem Tor und hielt sein Strickzeug mit blauem Gewebe in die Höhe. Vielleicht wurde in den Schal oder in den Sweater, den das Mädchen strickte, auch etwas von ihm hineingewoben.«

Und heute? Motorenlärm übertönt die Vögel, Schnellstraßen bedrohen den St. Marxer Friedhof von zwei Seiten, sechsspurig. *Highway to heaven?* Dazu Lisa Fritsch.

Friedhof St. Marx

Die Autobahn
entlang der alten
Ziegelmauer

Die Grabsteine
verwittert –
Findlinge
unter Laub.

In der Wellen kaltem Schoß
Bei den Wasserleichen:
Der Friedhof der Namenlosen

Alle die sich hier gesellen
trieb Verzweiflung in der Wellen
kalten Schoß.

Albrecht Graf Wickenburg

Die Aficionados kommen am ersten Sonntag nach Allerheiligen, und das Jahr für Jahr: An jenem Tag wird am Alberner Hafen ein einfaches Holzboot zu Wasser gelassen und auf die Reise geschickt. Es ist beladen mit Blumen, Gestecken, Lichtern und Schleifen: »Für die Opfer der Donau« steht da zu lesen, zum Gedenken an die vielen, die im Fluß ertrunken sind. Man ruft den Toten einen Gruß zu und läßt das Boot treiben. Wie weit es kommt? Bis nach Ungarn oder Rumänien, ins Schwarze Meer? Könnte ja sein. Sofern es nicht schon vorher im Treibholz und Gebüsch strandet.

Sei's drum. Wer hierher pilgert, ganz gleich zu welcher Jahreszeit, der hat's mit dem Unwägbaren, dem Makabren. Nur wenige Schritte vom Ufer entfernt, findet sich ein ganz besonderes Gräberfeld, der Friedhof der Namenlosen. Hier ruhen jene, die in der Donau umgekommen sind, viele Selbstmörder, aber auch Opfer von Unglücken und Verbrechen: So mancher Ermordete wurde im Fluß versenkt und auf Nimmerwiedersehen entsorgt – und dann doch noch geborgen.

Es ist ein weiter Weg vom Zentrum der Stadt hierher zum Alberner Hafen: durch endlose Wohnbezirke bis zu den Fabriken und gigantischen Werkshallen am Rande der Stadt. Keine idyllische Gegend, der Ostzipfel von Simmering, wie dieser äußerste Bezirk Wiens heißt. Und dann, am Ende das Zufahrt zum Alberner Hafen, der Frachtenbahnhof mit seinen Lagerhallen und Kränen, den Geleisen, wo Container verladen werden. Mitten drin eine kleine, dicht bewachsene Mulde. Aus der Entfernung ist nur ein graues Dach zu erkennen, dahinter eine Reihe alter Bäume, die ihre Arme ins Licht strecken. Wer näherkommt, sieht plötzlich, daß sich ein Friedhof in diese Mulde duckt, bewacht von einer einfachen, schmucklosen Kapelle.

Geschützt von einem Damm, den man um die Jahrhundertwende angelegt hat, um die Donau zu regulieren und die Gräber vor Hochwasser zu schützen, wurde der Friedhof der Namenlosen beim Stromkilometer 1918.3 angelegt. An dieser Stelle hat der Fluß immer wieder Tote an Land geschwemmt. Es soll hier einen Wirbel gegeben haben, erzählt man sich, und der habe die Wiener Wasserleichen nach oben und an Land getrieben. Und ganz in der Nähe hat man sie dann auch begraben. Schon zwischen 1840 und 1900 wurden am Donauufer 478 Tote beerdigt.

Doch weil dieser Friedhof immer wieder überflutet wurde, hat man ihn um die Jahrhundertwende in eine nahegelegene Senke übersiedelt. Zwischen 1900 und 1935 wurde das Gräberfeld belegt, danach brauchte man es nicht mehr: Beim Ausbau des Alberner Hafens wurden Stromschnellen entschärft und Buchten begradigt. Seither gibt die Donau ihre Toten an dieser Stelle nicht mehr frei.

Knapp über hundert Menschen sind es, die in der geschützten Lichtung ihre Ruhe gefunden haben. Nicht einmal die Hälfte der Toten konnte identifiziert werden. »Unvergeßlich« steht auf manchen der Grabtafeln, mit ungelenker Hand und unruhigem Pinsel gemalt. Oder ganz einfach »Unbekannt« oder »Namenlos«, nicht mehr. »Ertrunken durch fremde Hand«, liest man drei Gräber weiter. Und noch ein Stück dahinter: »Sepperl«. Einer der Selbstmörder, dessen man sich schämte und der von seinen Angehörigen nicht heimgeholt wurde in Familiengräber und Gruften? Die Schande schien zu groß. Und wahrscheinlich fürchtete man auch den strengen Blick des Pfarrers, der Selbstmörder auf seinem Gottesacker nicht duldete. »Sei's wie es sei«, so Theodor Kramer über den Friedhof der Namenlosen, »sie bedrängte das Leben zu schwer.«

Jeder hat seinen Tod. Der *Dod en wossa* ist einer davon. Von ihm erzählt ein Gedicht H. C. Artmanns.

waun s me aussezan
waun s me aussezan
aus da donau
untan wintahofm
bei oewan
wiad ma des monogram
wos ma mei muta r amoe

Gräber mit Geschichte: der alte jüdische Friedhof

en s hemt zeichnt hod
lenxt fawoschn sei:
a monogramdintn
is aa nua r a mendsch
und hoet net ewech ...
[...]
und da suma woa laung
und de schdrömung ned schdoak
und de wassreche gengd
hod es iwreche gmocht ...
a fisch fia de wön
und a r aunka fia n grund
oes monogram unta d aung
is bessa r oes kans –
owa drozzdem ka easoz
fia des schene blaue
wos ma mei muta seinazeid
en s hemad einzeichnt
hod ....

waun s me aussezan
waun s me aussezan
en heabst
bei oewan
untan winterhofm ...

(Tod im Wasser / Wenn sie mich herausziehen / wenn sie mich herausziehen / aus der Donau / unterhalb des Winterhafens / bei Albern/ wird das Monogramm / das mir meine Mutter einmal / ins Hemd gezeichnet hat / längst verwaschen sein / eine Monogrammtinte ist auch nur ein Mensch / und hält nicht ewig [...] Und der Sommer war lang / und die Strömung nicht stark / und die wässrige Gegend / hat das übrige gemacht ... / ein Fisch für die Wellen / und ein Anker für den Grund / als Monogramm unter den Augen / ist besser als keines – / aber trotzdem kein Ersatz / für das schöne blaue / das mir meine Mutter seinerzeit / ins Hemd eingezeichnet / hat // Wenn sie mich herausziehen / wenn sie mich herausziehen / im Herbst / bei Albern / unterhalb des Winterhafens ...)

Der Friedhof der Namenlosen ist der Hafenverwaltung und der Gemeinde Wien unterstellt. Da findet sich immer wieder jemand, der hin und wieder für ein paar Stunden Dienst macht. Und so stehen die Kreuze immer noch beisammen, eines neben dem nächsten, keines übertrumpft das andere, alle sind gleich. Monströse Gedenktafeln, Büsten aus Stein, Goldlettern auf Marmor und malerisch sich entblätternde Rosen aus Eisen und Kupfer, protzige Familiengrufte mit prächtigen Skulpturen? Am Friedhof der Namenlosen haben Repräsentationen irdischer Macht keinen Platz. Statt dessen Farn, Wein, ein paar Lupinen und Lilien, dahinter Kastanien, Fichten und Ahorn. Ganz hinten die Donau – und das Schwarze Meer.

XVI. Donau so blau
Servus, Wien!

waun s

waun s
aun da schenan blaun donau
schdinkt

daun
hot da johann schdrauss
im soag
an schas lossn

Gerhard Rühm, waun s

Vom Friedhof der Namenlosen sind's nur ein paar Schritte zum Wasser. Hier liegt sie also, die Donau, viel besungen, bedichtet und gemalt, fast schon ein Klischee: Donau so blau. Wien an der Donau: eine letzte, kurze Begehung.

Hertha Kräftner
An den großen Strömen

Am Abend, vor dem Morgen, an dem er nach Amerika ging,
zerbrach ihr Herz, indessen sie zum letzten Mal
am Donauufer auf und nieder gingen.
»Ach«, klagte sie, »ach, hätten wir uns doch ertränkt
in einem von Europas großen Strömen!
In der Elbe zum Beispiel, die soll bei Hamburg
so tief sein, oder lieber noch in der Seine,
wo sie die Liebenden ganz eng umschlungen
aus dem Wasser ziehn. Ach, hätten wir uns doch ertränkt,
solang noch Zeit war. Jetzt ist es zu spät,

wir würden weder Hamburg noch Paris erreichen,
bevor dein Zug dich morgen mir entreißt.«
Ihm wurde wild ums Herz bei ihren Klagen
und er verfluchte die Entfernung,
die sie vom süßen Liebestod im grauen Elbewasser trennte.
Die Donau floß indessen
sanft und unauffällig in das Schwarze Meer.

Daran erinnerte mich eines Abends
– später, lang danach – ein Busch am Donauufer,
und ich dachte, daß es ein solcher Abend war,
als mein Geliebter sich in großer Einsamkeit
im Hudson River ertränkte.

Hier, hinter dem Alberner Hafen, hört Wien auf. Die Grenze läuft ein Stück weit den Fluß entlang, dann biegt sie ab und kehrt an Land zurück. Allein die Donau zieht weiter. Hier seien Landschaft und Fauna schon östlich, hat Theodor W. Adorno befunden, es »hält ein pußtahafter Bann die Menschen fern, als wollte der ins Unendliche offene Raum nicht gestört werden«. Ist es allein der Osten, den er hier zu spüren meint? Oder steht man doch im Herzen dieses Erdteils, wie Peter Esterhazy in *Donau abwärts* vermutet, in einer der europäischen Urlandschaften. »Die Donau als Gedächtnis. Wiederentdeckung des Faktors der Zusammengehörigkeit. Landstraße, die die Völker verbindet. [...] Die Donau als sine qua non-Europas. Flüssiger Code der kulturellen Vielfalt. Schlagader des Kontinents. Geschichtsfluß. Zeitfluß. Kulturfluß. Liebesfluß. Fessel, die Völker verbindet. Freiheitsfessel.«

»Asiens Atem ist jenseits!« proklamiert Ingeborg Bachmann in ihrem Gedicht *Große Landschaft bei Wien*. Eine

Liebeserklärung an Wien? Zeichen des Abschieds, ein melancholischer Abgesang, ein Nachruf? Das vielleicht auch. In diesem Sinn und an diesem Ort: Ende des Wegs.

Große Landschaft bei Wien

Geister der Ebene, Geister des wachsenden Stroms,
zu unsrem Ende gerufen, haltet nicht vor der Stadt!
Nehmt auch mit euch, was vom Wein überhing
auf brüchigen Rändern, und führt an ein Rinnsal,
wen nach Ausweg verlangt, und öffnet die Steppen!

Drüben verkümmert das nackte Gelenk eines Baums,
ein Schwungrad springt ein, aus dem Feld schlagen
die Bohrtürme des Frühlings, Statuenwäldern weicht
der verworfene Torso des Grüns, und es wacht
die Iris des Öls über den Brunnen im Land. [...]

Das Schiff ist leer, der Stein ist blind,
gerettet ist keiner, getroffen sind viele,
das Öl will nicht brennen, wir haben
alle davon getrunken – wo
bleibt dein ewiges Licht?

So sind auch die Fische tot und treiben
den schwarzen Meeren zu, die uns erwarten.
Wir aber mündeten längst, vom Sog
anderer Ströme ergriffen, wo die Welt
ausblieb und wenig Heiterkeit war.

Die Türme der Ebene rühmen uns nach,
daß wir willenlos kamen und auf den Stufen
der Schwermut fielen und tiefer fielen,
mit dem scharfen Gehör für den Fall.

Wien, kein bißchen verstaubt: das Museumsquartier

Hinweise

Die Liste der Hinweise ist in die vier Hauptkapitel eingeteilt. Innerhalb dieser Kapitel folgt sie der Reihenfolge der Spaziergänge und darin den einzelnen Routen. Dort, wo sich die Spaziergänge außerhalb der Innenstadt bewegen, sind auch die wichtigsten Verkehrsverbindungen angeführt. Zur besseren Orientierung sind, in römischen Ziffern, auch die Bezirke angeführt. Einige Öffnungszeiten variieren je nach Jahreszeit.

Im inneren Bezirk

Stephansdom · I., Stephansplatz 3, tägl. 6.00-22.00; So./Feiertage 7.00-22.00, Führungen – Informationen unter Tel. 5 15 52-35 26, ⟨www.stephanskirche.at⟩

Mozarthaus Wien · I., Domgasse 5, tägl. 10.00-20.00, Tel. 5 12 17 91, ⟨www.mozarthausvienna.at⟩

Jüdisches Museum · I., Dorotheergasse 11, So.-Fr. 10.00-18.00; Do. 10.00-20.00, Tel. 5 35 04 31, ⟨www.jmw.at⟩

Café Hawelka · I., Dorotheergasse 6, Mo., Mi.-Sa. 8.00-2.00; So./Feiertage 16.00-2.00, Tel. 5 12 82 30, ⟨www.hawelka.at⟩

Café Demel · I., Kohlmarkt 14, tägl. 10.00-19.00, Tel. 5 35 17 17, ⟨www.demel.at⟩

Café Griensteidl · I., Michaelerplatz 2, tägl. 8.00-23.30, Tel. 5 35 26 92

Café Central · I., Herrengasse/Strauchgasse, Palais Ferstel, Mo.-Sa. 8.00-22.00; So. 10.00-18.00, Feiertage 10.00-22.00, Tel. 5 33 37 64-26

Jüdisches Museum – Misrachi Haus · I., Judenplatz, So.-Do. 10.00-18.00; Fr. 10.00-14.00, Tel. 5 35 04 31

Neidhart Fresken · I., Tuchlauben 19, Di. 10.00-13.00; Fr.-So. 14.00-18.00, Tel. 5 35 90 65

Ankeruhr · I., Hoher Markt 10, Vorführung tägl. 12.00

St. Ruprechtskirche · I., Seitenstettengasse 5, zw. Karwoche und Weihnachten Mo.-Fr. 10.00-12.00 und Fr. 15.00-17.00, Tel. 5 35 60 03, ⟨www.ruprechtskirche.at⟩

Stadttempel · I., Seitenstettengasse 2-4, Führungen nach Vereinbarung, Tel. 5 35 04 31-3 11

Café Alt Wien · I., Bäckerstraße 9, tägl. 10.00-2.00, Tel. 5 12 52 22

Oswald & Kalb · I., Bäckerstraße 14, tägl. 18.00-2.00, Tel. 5 12 13 71

Alte Schmiede · Kunstverein Wien, I., Schönlaterngasse 9, ⟨www.alteschmiede.at⟩

Café Prückel · I., Stubenring 24, tägl. 8.30-22.00, 5 12 61 15, ⟨www.prueckel.at⟩

Wagner-Museum Postsparkasse · I., Georg Coch-Platz 2, Mo.-Mi., Fr. 8.00-15.00; Do. 8.00-17.30, Tel. 5 34 53-3 30 88

Karlskirche · IV., Karlsplatz, Mo-Sa. 9.00-12.30 und 13.00-18.00; So./Feiertage 12.00-17.45, ⟨www.karlskirche.at⟩

Musikverein · I., Bösendorferstraße 12, Tel. 5 05 81 90, ⟨www.musikverein.at⟩

Wien Museum · IV., Karlsplatz, Di.-So. 9.00-18.00, Tel. 5 05 87 47-0, ⟨www.wienmuseum.at⟩

Grillparzer-Gedenkzimmer · I., Johannesgasse 6/2. Stock, Mo.-Fr. 9.00-14.30, Tel. 5 12 54 34-0 oder 4 12 54 34

Staatsoper · I., Opernring 2, Führungen – Informationen unter Tel. 5 14 44-26 06 oder -24 21, ⟨www.wiener-staatsoper.at⟩

Staatsopernmuseum · I., Hanuschhof, Goethegasse 1, Di.-So. 10.00-18.00

Kaisergruft · I., Tegetthoffstraße 2, tägl. 10.00-18.00, Tel. 5 12 68 53, ⟨www.kapuzinergruft.at⟩

Herzgruft · I., Augustinerkirche, Josefsplatz, Besichtung sonntags nach dem Hochamt, das um 11.00 beginnt, oder nach Vereinbarung, Tel. 5 33 70 99

Prunksaal der Nationalbibliothek · I., Josefsplatz 1, Di.-So. 10.00-18.00; Do. 10.00-21.00, Tel. 5 34 10-3 94, ⟨www.onb.ac.at⟩

Spanische Hofreitschule · Kartenvorverkauf, I., Michaelerplatz 1, Tel. 5 33 90 31-0, ⟨www.srs.at⟩

Lipizzaner Museum · I., Stallburg/Hofburg – Reitschulgasse 2, tägl. 9.00-18.00, Tel. 5 25 24-4 16, ⟨www.lipizzaner.at⟩

Hofburg mit Museen · tägl. 9.00-17.00, Tel. 5 33 75 70, ⟨www.hofburg-wien.at⟩

Nationalbibliothek · I., Heldenplatz, Informationen zu den Öffnungszeiten der Lesesäle und Museen: Tel. 5 34 10-0

Kunsthistorisches Museum · I., Maria Theresien-Platz, Di.-So. 10.00-18.00; Do. 10.00-21.00, Tel. 5 25 24-0, ⟨www.khm.at⟩

Naturhistorisches Museum · I., Maria Theresien-Platz, tägl., außer Di. 9.00-18.30, Tel. 5 21 77-0, ⟨www.nhm-wien.at⟩

Parlament · I., Dr. Karl Renner-Ring 1-3, Führungen – Informationen unter Tel. 4 01 10-20 03, ⟨www.parlinkom.gv.at⟩

Burgtheater · I., Dr. Karl Lueger-Ring 2, Führungen – Informationen unter Tel. 5 14 44-41 40, ⟨www.burgtheater.at⟩

Café Landtmann · I., Dr. Karl Lueger-Ring 4, tägl. 7.30-24.00, Tel. 5 32 06 25

Zwischen Ring und Gürtel

Karmelitermarkt · II., Im Werd, Krummbaumgasse, Mo.-Fr. 6.00-18.00; Sa. 6.00-14.00

Prater · Saison 15.3.-31.9, tägl. ab 10.00, Tel. 7 28 05 16, ⟨www.prater.at⟩

Pratermuseum · II., Oswald Thomas-Platz (Planetarium), Di.-Do. 10.00-13.00; Fr.-So. 14.00-18.00, Tel. 7 26 76 83, ⟨www.wienmuseum.at⟩

Karl Kolarik's Schweizerhaus · II., Straße des Ersten Mai 116, tägl. 11.00-23.00; Tel. 7 28 01 52, ⟨www.schweizerhaus.at⟩

Auf den Spuren des Dritten Mannes-Touren · Tel. 7 74 89 01, ⟨www.viennawalks.com⟩

Musil-Gedenkstätte · III., Rasumofskygasse 20, Mo.-Fr. 10.00-13.00, nach Anmeldung, Tel. 7 13 10 19

Haus Hofmannsthal · III., Reisnerstraße 37, Mo.-Fr. 10.00-18.00, Tel. 7 14 85 33, ⟨www.haus-hofmannsthal.at⟩

Belvedere · III., Prinz-Eugen-Straße 27, Di.-So. 10.00-18.00, Tel. 7 95 57-0, ⟨www.belvedere.at⟩

Heeresgeschichtliches Museum · III., Arsenal, Objekt 1, tägl., außer an Freitagen, 9.00-17.00, Tel. 7 95 61-0, ⟨www.hgm.or.at⟩

Naschmarkt · IV., Wienzeile, Mo.-Fr. 6.00-18.30; Sa. 6.00-17.00, Flohmarkt: Sa. 6.30-18.00

Theater in der Josefstadt · VIII., Josefstädter Straße 24, Tel. 4 27 00-3 00, ⟨www.josefstadt.org⟩

Café Eiles · VIII., Josefstädter Straße 2, Mo.-Fr. 7.00-22.00; Sa., So. und Feiertage 8.00 -22.00, Tel. 4 05 34 10

Stefan Zweig-Archiv · Bezirksmuseum Josefstadt, VIII., Schmidgasse 18, Mittwoch 17.00-19.00, Tel. 4 03 64 15

Jüdischer Friedhof · IX., Seegasse 9-11, Mo.-Fr. 7.00-15.00

Sigmund Freud Museum · IX., Berggasse 19, tägl. 9.00-17.00, Juli-September 9.00-18.00, Tel. 3 19 15 96, ⟨www.freud-museum.at⟩

Narrenturm · IX., Uni-Campus, Spitalgasse 2, Mi. 15.00-18.00; Do. 8.00-11.00; 1. Samstag im Monat 10.00-13.00, Tel. 4 06 86 72-2, ⟨www.narrenturm.info⟩

Josephinum · IX., Währinger Straße 25, Mo.-Fr. 9.00-15.00, außer an Feiertagen; 1. Samstag im Monat 10.00-14.00, Tel. 42 77-6 34 22

Bezirksmuseum Alsergrund · IX., Währinger Straße 43, Mi. 9.00-11.00; So. 10.00-12.00, Juli und August geschlossen, Tel. 4 00 34 09-1 27

Schubert Geburtshaus mit Stifter Gedenkräumen · IX., Nußdorfer Straße 54, Tel. 3 17 36 01, Di.-So./Feiertage 10-13 und 14-18 Uhr, ⟨www.wienmuseum.at⟩

An der Peripherie

Schloß Schönbrunn · XIII., Schönbrunner Schloßstraße, tägl. 8.30-16.30 bzw. 18.00, je nach Jahreszeit, Tel 81 11 32 39, ⟨www.schoenbrunn.at⟩, U4 Station Schönbrunn

Tiergarten Schönbrunn · XIII., Schloßpark, tägl. 9.00-16.30 bzw. 18.30, je nach Jahreszeit, Tel. 8 77 92 94, ⟨www.zoovienna.at⟩, U4 Station Hietzing oder Schönbrunn

Hofmannsthal-Haus · XXIII., Ketzergasse 471, ab U4-Station Hietzing-Kennedybrücke: Straßenbahn Nr. 60 bis Endstation

Steinhof · XIV., Gedenkraum im Pavillon V, Mi.-Fr. 10.00-12.00 und 13.00-16.00, Tel. 2 28 94 69-3 19, Kirche: Führungen Sa. 15.00, ab U4-Station Unter-St. Veit: Autobus 47 A bis Baumgartner Höhe; oder ab U3-Station Ottakring: Autobus 48 A bis Baumgartner Höhe

Sternwartestraße · XVIII., Straßenbahnlinie 40 od. 41 ab Schottentor bis Gersthof

Grinzing · XIX., Straßenbahnlinie 38 ab Schottentor bis Endstation Grinzing

Landpartien

Franz Kafka-Gedenkraum · Kierling bei Klosterneuburg, Hauptstraße 187, Mo.-Fr. 8-12 und 14-17 Uhr, Schlüssel bei einer der Hausparteien, Führungen nach telefonischer Anmeldung bei Norbert Winkler, Tel. 06 76/4 11 78 17, U4 bis Heiligenstadt, von dort Bus Nr. 239 bis Kierling-Lenaugasse, 50 m zurück laufen

Künstler von Gugging · Donauklinikum Maria-Gugging, Hauptstraße 2, Galerie Di.-Sa. 10.00-18.00, Haus der Künstler: jederzeit von außen zu besichtigen, innen nur nach Voranmeldung, Tel. 0 22 43/ 8 79 92, ⟨www.gugging.org⟩, U4 bis Heiligenstadt, von dort Bus Nr. 239 bis Maria-Gugging Donauklinikum

Zentralfriedhof · XI., Simmeringer Hauptstraße 234, tägl. 7.00-18.00, variiert leicht nach Jahreszeit, Tel. 7 60 41, ab Schwarzenbergplatz oder Station U3 Simmeringer Hauptstraße: Straßenbahn 6 und 71, Autobus 171, S 7

Biedermeier-Friedhof St. Marx · III., Leberstraße 6-8, geöffnet tägl. 7.00-17.00, ab U3-Station Zippererstraße: Bus 71 bis Litfaßstraße, ab Zentralfriedhof: Straßenbahn 71 bis St. Marx oder Litfaßstraße

Friedhof der Namenlosen · XI., Alberner Hafen, ab U3-Station Enkplatz: Bus 76A bis Hafen Albern, dann zu Fuß durch den Hafen; tägl. geöffnet

Gasthaus Friedhof der Namenlosen · XI., Albern 54, tägl., außer Do. 8.30 bis abends – je nach Jahreszeit, geschlossen von Anfang Januar bis Ende Februar, Tel. 769 39 71

Ein Tip für Interessierte

Literaturhaus · VII., Seidengasse 13, Dokumentationsstelle für neuere österreichische Literatur, Mo. und Mi. 9.00-17.00; Di. 9.00-19.00; Fr. 9.00-15.00, Tel. 5 26 20 44-0, ⟨www.literaturhaus.at⟩

Bibliographie

A Sancta Clara, Abraham: Ein Karren voller Narren und andere kleine Werke. Residenz Verlag, Salzburg 1993

Achleitner, Friedrich: Versuch übers Hawelka. In: Franz Hubmann, Café Hawelka. Ein Wiener Mythos. Verlag Christian Brandstätter, Wien/München 2001. © Friedrich Achleitner

Adorno, Theodor W.: Wien, nach Ostern 1967. In: Ohne Leitbild. Parva Aesthetica. Suhrkamp Verlag Frankfurt am Main 1967

Aichinger, Ilse: Judengasse; Im Werd. In: Kurzschlüsse Wien. © Edition Korrespondenzen, Wien 2001

Aigner, Christoph Wilhelm: Wien Kärntnerstraße. In: Weiterleben. Gedichte. Otto Müller Verlag, Salzburg 1988. © Christoph Wilhelm Aigner

Altenberg, Peter: Selbstbiographie. In: Peter Altenberg, Ausgewählte Werke in zwei Bänden. Band 1. Carl Hanser Verlag, München 1979

Altenberg, Peter: Kaffeehaus. In: Gesammelte Werke in fünf Bänden. Herausgegeben von Werner J. Schweiger. Band 2. Löcker Verlag/ S. Fischer Verlag, Wien/Frankfurt am Main 1987

Amann, Jürg: Nachgerufen. Elf Monologe und eine Novelle. Piper Verlag, München 1983. © Jürg Amann

Arndt, Ernst Moritz: Sehnsucht nach der Ferne. Die Reisen nach Wien und Venedig 1798. Verlag Neues Leben, Berlin 1988

Artmann, H. C.: Eine Stadt lebt im Caféhaus. In: Franz Hubmann, Café Hawelka. Ein Wiener Mythos. Verlag Christian Brandstätter, Wien/München 2001

Artmann, H. C.: blauboard I; dod en wassa. In: Med ana schwoazzn dintn. © Otto Müller Verlag, Salzburg, 11. Auflage 2001

Ausländer, Rose: Wiedersehen mit dem Wienerwald. In: Gesammelte Werke. Die Sichel mäht die Zeit zu Heu. Gedichte 1957-1965. © S. Fischer Verlag GmbH, Frankfurt am Main 1985

Bachmann, Ingeborg: Große Landschaft bei Wien. In: Werke. Band 1: Gedichte. Herausgegeben von Christine Koschel u. a. © 1978 Piper Verlag GmbH, München

Bachmann, Ingeborg: Malina. Roman. Suhrkamp Verlag Frankfurt am Main 1981

Bashō, Matsuo: Hundert und elf Haikus. Ammann Verlag, Zürich 1985

Bernhard, Thomas: Alte Meister. Komödie. Suhrkamp Verlag Frankfurt am Main 1985

Bernhard, Thomas: Heldenplatz. Suhrkamp Verlag Frankfurt am Main 1989

Bernhard, Thomas: Elisabeth II. In: Stücke 4. Suhrkamp Verlag Frankfurt am Main 1988

Busta, Christine: Auf dem alten Friedhof von St. Marx. In: Die Scheune der Vögel. Gedichte. © Otto Müller Verlag, Salzburg, 3. Auflage 1995

Canetti, Elias: Die gerettete Zunge. Geschichte einer Jugend. © 1977 Carl Hanser Verlag, München – Wien

Canetti, Elias: Die Fackel im Ohr. © 1980 Carl Hanser Verlag, München – Wien

Canetti, Veza: Die gelbe Straße. © 1990 Carl Hanser Verlag, München – Wien

Casanova, Giacomo: Geschichte meines Lebens. Band 3. Herausgegeben von Günter Albrecht in Zusammenarbeit mit Barbara Albrecht. Gustav Kiepenheuer Verlag, Leipzig 1984

Celan, Paul: Gedichte in zwei Bänden. Suhrkamp Verlag Frankfurt am Main 1975

Dinev, Dimitré: Engelszungen. Deuticke Verlag, Wien 2003

Doderer, Heimito von: Die Dämonen. © 1956 Verlag C.H. Beck, München. (Die erste Auflage dieses Werkes ist im Biederstein Verlag erschienen.)

Doderer, Heimito von: Meine Caféhäuser. In: Franz Hubmann, Café Hawelka. Ein Wiener Mythos. Verlag Christian Brandstätter, Wien 2001

Doderer, Heimito von: Die Strudlhofstiege. © 1951 Verlag C. H. Beck, München. (Die erste Auflage dieses Werkes ist im Biederstein Verlag erschienen.)

Doderer, Heimito von: Tangenten. Tagebuch eines Schriftstellers. © 1964 Verlag C. H. Beck, München. (Die erste Auflage dieses Werkes ist im Biederstein Verlag erschienen.)

Doderer, Heimito von: Die Wiederkehr des Drachen. Aufsätze, Traktate, Reden. Herausgegeben von Wendelin Schmidt-Dengler. © 1969

Verlag C. H. Beck, München. (Die erste Auflage dieses Werkes ist im Biederstein Verlag erschienen.)

Dor, Milo: Fragen eines altmodischen Humanisten. In: Karl-Markus Gauß (Hrsg.), Das Buch der Ränder. Lyrik. Wieser Verlag, Klagenfurt 1992

Drach, Albert: Bänkel von der Rasse des Mondes. In: Gedichte. Werkausgabe. Band 10. Herausgegeben und mit einem Nachwort von Reinhard Schulte. © Paul Zsolnay Verlag Wien 2007

Esterhazy, Peter: Donau abwärts. Roman. Aus dem Ungarischen von Hans Skirecki. Residenz Verlag, Salzburg/Wien 1992

Federmann, Reinhard: Willy. In: Die Stimme. Erzählungen. © Picus Verlag, Wien 2001

Fian, Antonio: Hirnkauf-Problemstück. In: Was für Zeiten. Heft 5/2005. Edition Gutenberg, Graz

Franzobel: Monolog eines Wieners. In: Wien. Eine literarische Einladung. Herausgegeben von Margit Knapp. Klaus Wagenbach Verlag, Berlin 2004. © Franzobel

Freud, Sigmund: Briefe 1873-1939. Herausgegeben von Ernst L. Freud. © S. Fischer Verlag GmbH, Frankfurt am Main o. J.

Fried, Erich: Die grüne Garnitur. Erzählung. Aus: Das Unmaß aller Dinge. © Verlag Klaus Wagenbach, Berlin 1982

Frischmuth, Barbara: Mein und Musils Nachlaß. In: Traumgrenze. Erzählungen. Residenz Verlag, Salzburg 1983. © Barbara Frischmuth

Fritsch, Gerhard: Praterstern. In: Gesammelte Gedichte. Herausgegeben von Reinhard Urbach. © Otto Müller Verlag, Salzburg, 2. Auflage 1994

Fritsch, Lisa: Friedhof St. Marx. In: Landsat. Gedichte. © Deuticke im Paul Zsolnay Verlag Wien 1995

Galvagni, Bettina: Persona. Roman. Luchterhand Verlag, München 2002

Gerstl, Elfriede: wien in augenhöhe. In: neue wiener mischung. © Literaturverlag Droschl Verlag Graz – Wien 2001

Gerstl, Elfriede: Vom Speckjagen im 2. Bezirk. In: Falter. Stadtzeitung Wien, 35/39

Grillparzer, Franz: Sämtliche Werke. J. G. Cotta'sche Buchhandlung Nachf., Stuttgart 1892

Gütersloh, Alfred Paris: Musik zu einem Lebenslaut. Gedichte. Bergland Verlag, Wien 1957
Hammerschlag, Peter: Lauter weiße Schimmel. In: Die Wüste ist aus gelbem Mehl. Mit einem Nachwort von Friedrich Achleitner. Herausgegeben von Friedrich Achleitner und Monika Kriegler-Grienstéidl. © Paul Zsolnay Verlag Wien 1997
Härtling, Peter: Schubert. In: Gesammelte Werke. Band 6: Die dreifache Maria. Waiblingers Augen. Schubert. Herausgegeben von Klaus Siblewski. © 1996 by Verlag Kiepenheuer & Witsch, Köln
Haslinger, Josef: schlacht um wien. In: Zugvögel. Erzählungen. © S. Fischer Verlag GmbH, Frankfurt am Main 2006
Hebbel, Friedrich: Werke in zwei Bänden. Herausgegeben von Gerhard Fricke. Carl Hanser Verlag, München 1952
Hebbel, Friedrich: Tagebücher. Band 2: 1843-1847. Herausgegeben von Karl Pörnbacher. Deutscher Taschenbuch Verlag, München 1984
Heller, André: Ein Ort der selbstverständlichen Täuschungen. In: Franz Hubmann, Café Hawelka. Ein Wiener Mythos. Verlag Christian Brandstätter, Wien/München 2001
Heller, André: Landschaft für Engel. In: Christine de Grancy, Hallodris und Heilige, Engel und Lemuren. Edition Wien, 1994. © André Heller
Heller, André: Schattentaucher. 61 Beschreibungen aus dem Leben des Ferdinand Alt. S. Fischer Verlag, Frankfurt am Main 1987. © André Heller
Henisch, Peter: Hamlet, Hiob, Heine. Gedichte. Residenz Verlag, Salzburg 1989
Henisch, Peter: Steins Paranoia. © Residenz Verlag, Salzburg 1988
Herbeck, Ernst: Der Traum. In: Im Herbst da reiht der Feenwind. In: Gesammelte Texte 1960-1961. Herausgegeben von Leo Navratil. © Residenz Verlag, Salzburg/Wien 1997
Herzmanovsky-Orlando, Fritz von: Der Gaulschreck im Rosennetz. Eine Wiener Schnurre aus dem modernen Barock. © Residenz Verlag, St. Pölten/Salzburg 2004
Hofmannsthal, Hugo von/Boenhausen, Eberhard von: Briefe der Freundschaft. Eugen Diederichs Verlag, Düsseldorf 1953
Hofmannsthal, Hugo von/Burckhardt, Carl J.: Briefwechsel. Heraus-

gegeben von Carl J. Burckhardt. S. Fischer Verlag, Frankfurt am Main 1958
Hofmannsthal, Hugo von: Manche freilich. In: Werke in zehn Bänden. Gedichte, Dramen, Prosa. Herausgegeben von Lorenz Jäger. S. Fischer Verlag, Frankfurt am Main 1999
Hofmannsthal (Loris), Hugo von: Prolog zu dem Buch ›Anatol‹. In: Arthur Schnitzler, Das dramatische Werk. Band 1: Liebelei und andere Dramen. S. Fischer Verlag, Frankfurt am Main 1987
Hofmannsthal, Hugo von: Wiener Brief [II]. In: Reden und Aufsätze II: 1914-1924. Herausgegeben von Bernd Schoeller. S. Fischer Verlag, Frankfurt am Main 1979
Horváth, Ödön von: Geschichten aus dem Wiener Wald. Volksstück in drei Teilen. Suhrkamp Verlag Frankfurt am Main 1986
Hubmann, Franz, Café Hawelka. Ein Wiener Mythos. Verlag Christian Brandstätter, Wien/München 2001
Irving, John: Garp und wie er die Welt sah. Roman. Aus dem Amerikanischen von Jürgen Abel. Copyright © 1979 by Rowohlt Verlag GmbH, Reinbek bei Hamburg
Jandl, Ernst: wien, heldenplatz; haiku in wien; prater: schweizerhaus; das kalb; mir gengen nach schenbrunz. In: poetische werke. Herausgegeben von Klaus Siblewski. © 1997 by Luchterhand Literaturverlag, München, einem Unternehmen der Verlagsgruppe Random House GmbH
Jandl, Ernst: war einst weg und bin jetzt hier. In: Prosa-Land Österreich. Herausgegeben von Andreas P. Pittler. Wieser Verlag, Klagenfurt/Celovec 1989
Jelinek, Elfriede: Die Ausgesperrten. Roman. Copyright © 1980 by Rowohlt Verlag GmbH, Reinbek bei Hamburg
Jelinek, Elfriede: Die Klavierspielerin. Copyright © 1983 by Rowohlt Verlag GmbH, Reinbek bei Hamburg
Jelinek, Elfriede: Mein achter Bezirk im Erfahren. In: Richard Reichensperger (Hrsg.), Vorfreude Wien. Literarische Warnungen 1945-1995. S. Fischer Verlag, Frankfurt am Main 1995. © Elfriede Jelinek
Jesenská, Milena: Alles ist Leben. Feuilletons und Reportagen. Verlag Neue Kritik, Frankfurt am Main 1984
Kafka, Franz: Betrachtungen. In: Gesammelte Werke. Hochzeitsvor-

bereitungen auf dem Lande und andere Prosa aus dem Nachlaß. S. Fischer Verlag Frankfurt am Main 1983

Kafka, Franz: Der Hungerkünstler. In: Gesammelte Werke. Erzählungen. S. Fischer Verlag, Frankfurt am Main 1983

Kafka, Franz: Gesammelte Werke. Tagebücher 1910-1923. S. Fischer Verlag, Frankfurt am Main 1983

Kisch, Egon Erwin: Das demokratisierte Schönbrunn. In: Gesammelte Werke. Band 9: Mein Leben für die Zeitung 1906-1925. Journalistische Texte. Herausgegeben von Bodo Uhse und Ursula Kisch. © Aufbau Verlagsgruppe GmbH, Berlin 1983 (die Originalausgabe erschien im Aufbau-Verlag Berlin und Weimar; Aufbau ist eine Marke der Aufbau Verlagsgruppe GmbH)

Kluy, Alexander: Berühmt in Wien. Wo sie lebten, wo sie wirkten. Prestel Verlag, München 2004

Kräftner, Hertha: Das Werk. Gedichte, Skizzen, Tagebücher. Edition Roetzer, Eisenstadt 1977

Kramer, Theodor: Die Wahrheit ist, man hat mir nichts getan. Gedichte. Herausgegeben und mit einem Nachwort von Hertha Müller. © Paul Zsolnay Verlag Wien 1999

Kraus, Karl: Die demolierte Literatur. In: Frühe Schriften 1892-1900. Band 1: 1892-1896. Herausgegeben von J. J. Braakenburg. Kösel Verlag, München 1979

Kraus, Karl: Der Löwenkopf oder Die Gefahren der Technik. In: Karl Kraus, Schriften. Herausgegeben von Christian Wagenknecht. Band 4: Untergang der Welt durch schwarze Magie. Suhrkamp Verlag Frankfurt am Main 1989

Kühn, Dieter: Herr Neidhart. Insel Verlag Frankfurt am Main 1981

Kuh, Anton: Lenin und Demel. In: Anton Kuh, Luftlinien. Feuilletons, Essays und Publizistik. Herausgegeben von Ruth Greuner. © Löcker Verlag, Wien 1981

Kuh, Anton: Der wahre und der falsche Heurige. In: Zeitgeist im Literatur-Café. Feuilletons, Essays und Publizistik. Herausgegeben von Ulrike Lehner. © Löcker Verlag, Wien 1983

Kunert, Günter: Wiener Hinterlassenschaft. In: Warnung vor Spiegeln. Gedichte. © 1970 Carl Hanser Verlag, München – Wien

Lange, Hartmut: Schnitzlers Würgeengel. Vier Novellen. Diogenes Verlag, Zürich 1995

Lenz, Hermann: Die Augen eines Dieners. Roman. Suhrkamp Verlag Frankfurt am Main 1997
Lenz, Hermann: Der innere Bezirk. Roman in drei Büchern. Insel Verlag Frankfurt am Main 1980
Lenz, Hermann: Schwarze Kutschen. Erzählungen. Insel Verlag Frankfurt am Main 1990
Mach, Edmund: Parlament; Der Geisteskranke; Dichter; Lob des Krankenhauses Gugging. In: Buchstaben Florenz. Medusa Verlag, Wien/Berlin 1982
Mach, Edmund: Das verklungene Wien. In: Triumph des Schockens. Gedichte. Grasl Verlag, Baden bei Wien 1994
Magris, Claudio: Donau. Biographie eines Flusses. Aus dem Italienischen von Heinz-Georg Held. © 1996 Carl Hanser Verlag, München – Wien
Matz, Wolfgang: Adalbert Stifter oder Diese fürchterliche Wendung der Dinge. Carl Hanser Verlag, München – Wien 1995
Mayröcker, Friederike: für Josefine Hawelka; wienumschlungen. In: Magische Blätter I-V. Suhrkamp Verlag Frankfurt am Main 2001
Mayröcker, Friederike: Zwergk oder Todt, nach Ernst Herbeck. In: Gesammelte Gedichte 1939-2003. Herausgegeben von Marcel Beyer. Suhrkamp Verlag Frankfurt am Main 2004
Menasse, Eva: Vienna. Roman. Verlag Kiepenheuer & Witsch, Köln 2005
Menasse, Robert: Naschmarkt. In: Wien. Eine literarische Einladung. Herausgegeben von Margit Knapp. Verlag Klaus Wagenbach, Berlin 2004
Merkel, Inge: Ruprechtsplatz. In: Richard Reichensperger (Hrsg.), Vorfreude Wien. Literarische Warnungen 1945-1995. S. Fischer Verlag, Frankfurt am Main 1995. Abdruck mit freundlicher Genehmigung des Jung und Jung Verlags, Salzburg
Merkel, Inge: Das Wiener Gift. In: Literatur & Kritik, 191/192. Salzburg, 1985
Miklin, Richard: Wien. Literarische Spaziergänge durch Vergangenheit und Gegenwart. Klett-Cotta, Stuttgart 2000
Mörike, Eduard: Mozart auf der Reise nach Prag. Eine Novelle. Insel Verlag Frankfurt am Main und Leipzig 2005
Molden, Ernst: alt wien. In: Wien. Hinweise zum Umgang mit einer

alten Seele. Mit Fotografien von Nikolaus Similache. © Deuticke im Paul Zsolnay Verlag Wien 2004

Musil, Robert: Der Mann ohne Eigenschaften. In: Gesammelte Werke. Copyright © 1978 by Rowohlt Verlag GmbH, Reinbek bei Hamburg

Navratil, Leo: Schizophrenie und Dichtkunst. Deutscher Taschenbuch Verlag, München 1986

Nestroy, Johann: Sämtliche Werke. Historisch-kritische Ausgabe. Herausgegeben von Jürgen Hein, Johann Hüttner, Walter Obermaier und W. Edgar Yates. Deuticke Verlag, Wien 1991

Neuwirth, Barbara: Die steinernen Männer im Hof der Universität. In: Bill Barrette/Barbara Neuwirth, Wien Stadt Bilder. © Löcker Verlag, Wien 1998

Nicolai, Christoph Friedrich: Beschreibung einer Reise durch Deutschland und die Schweiz im Jahre 1781. Berlin und Stettin, 1783-1796

Niederle, Helmut A. (Hrsg.): Europa erlesen: Wien. Wieser Verlag, Klagenfurt 1997

Nooteboom, Cees: Auf Reisen II. In: Gesammelte Werke. Band 5. Herausgegeben von Susanne Schaber. Aus dem Niederländischen von Helga van Beuningen, Andreas Ecke, Ard Posthuma und Rosemarie Still. Suhrkamp Verlag Frankfurt am Main 2004

Polgar, Alfred: Theorie des Café Central. In: Kleine Schriften. Band 4: Literatur. Herausgegeben von Marcel Reich-Ranicki in Zusammenarbeit mit Ulrich Weinzierl. Copyright © 1984 by Rowohlt Verlag GmbH, Reinbek bei Hamburg

Polgar, Alfred: Die Kastanien; Simmering. In: Kleine Schriften. Band 2: Kreislauf. Herausgegeben von Marcel Reich-Ranicki in Zusammenarbeit mit Ulrich Weinzierl. Copyright © 1983 by Rowohlt Verlag GmbH, Reinbek bei Hamburg

Qualtinger, Helmut: »Der Herr Karl«. In: »Der Herr Karl« und andere Texte fürs Theater. Band 1. Werkausgabe in fünf Bänden. Herausgegeben von Traugott Krischke. © Deuticke im Paul Zsolnay Verlag Wien 1995

Rabinovici, Doron: Ohnehin. Roman. Suhrkamp Verlag Frankfurt am Main 2004

Rabinovici, Doron: Papirnik. Stories. Suhrkamp Verlag Frankfurt am Main 1994

Raimund, Ferdinand: Raimunds Werke. Deutsches Verlagshaus Bong & Co., Berlin, o. J.

Reichensperger, Richard (Hrsg.): Vorfreude Wien. Literarische Warnungen 1945-1995. S. Fischer Verlag, Frankfurt am Main 1995

Rössner, Michael (Hrsg.): Literarische Kaffeehäuser. Kaffeehausliteraten. Böhlau Verlag, Wien u. a. 1999

Roth, Gerhard: Eine Reise in das Innere von Wien. © S. Fischer Verlag GmbH, Frankfurt am Main 1994

Roth, Joseph: Die Insel der Unseligen. In: Werke. Band 1: Das journalistische Werk 1915-1923. Herausgegeben von Klaus Westermann. © 1989 by Verlag Kiepenheuer & Witsch, Köln und Verlag Allert de Lange, Amsterdam

Roth, Joseph: Juden auf Wanderschaft. In: Werke. Band 2: Das journalistische Werk 1924 – 1928. Herausgegeben von Klaus Westermann. © 1990 by Verlag Kiepenheuer & Witsch, Köln und Verlag Allert de Lange, Amsterdam

Roth, Joseph: Die Kapuzinergruft. In: Werke. Band 6: Romane und Erzählungen 1936-1940. Herausgegeben von Fritz Hackert. © 1991 by Verlag Kiepenheuer & Witsch, Köln und Verlag Allert de Lange, Amsterdam

Roth, Joseph: Radetzkymarsch. In: Werke. Band 5: Romane und Erzählungen 1930-1936. Herausgegeben und mit einem Nachwort von Fritz Hackert. © 1990 by Verlag Kiepenheuer & Witsch, Köln und Verlag Allert de Lange, Amsterdam

Rühm, Gerhard: kärntnerstraße; waun s. In: Gesammelte Werke. Herausgegeben von Michael Fisch. Band 1.2. Parthas Verlag, Berlin 2005. © Gerhard Rühm

Rühm, Gerhard: projekt zur errichtung einer neuen stadt WIEN. In: Helmut Niederle (Hrsg.), Europa erlesen: Wien. Wieser Verlag, Klagenfurt 1997. © Gerhard Rühm

Saiko, George: Das Haus. In: Sämtliche Werke. Band 3: Erzählungen. Herausgegeben von Adolf Haslinger. Residenz Verlag, Salzburg 1990

Schaber, Susanne: Literaturreisen. Die Donau von Passau nach Wien. Klett-Verlag für Wissen und Bildung, Stuttgart 1993

Schindel, Robert: Mein Wien. In: Jüdisches Wien. Mandelbaum-Verlag, Wien 2004

Schindel, Robert: Vineta 1 und 2. In: Ein Feuerchen im Hintennach. Gedichte 1986-1991. Suhrkamp Verlag Frankfurt am Main 1992
Schneyder, Werner: Wiener Erbfolge. In: Reimzeit. © Verlag Kremayr & Scheriau, Wien 1995
Schnitzler, Arthur: Briefe 1913-1931. Herausgegeben von Peter Michael Braunwarth, Richard Miklin, Susanne Peterlik und Heinrich Schnitzler. S. Fischer Verlag, Frankfurt am Main 1984
Schnitzler, Arthur: Jugend in Wien. S. Fischer Verlag, Frankfurt am Main 2002
Schnitzler, Arthur: Leutnant Gustl. In: Das erzählerische Werk. Band 2. S. Fischer Verlag, Frankfurt am Main 1983
Schnitzler, Arthur: Die Kleine Komödie. In: Das erzählerische Werk. Band 1. S. Fischer Verlag, Frankfurt am Main 1981
Schnitzler, Arthur: Der Schleier der Beatrice. In: Das dramatische Werk. Band 3. S. Fischer Verlag, Frankfurt am Main 1988
Schnitzler, Arthur: Tagebücher. Akademie der Wissenschaften, Wien 1981-1997
Schnitzler, Arthur: Der Weg ins Freie. In: Das erzählerische Werk. Band 4. S. Fischer Verlag, Frankfurt am Main 1982
Schnitzler, Heinrich/Brandstätter, Christian/Urbach, Reinhard (Hrsg.): Arthur Schnitzler. Sein Leben und seine Zeit. S. Fischer Verlag Frankfurt am Main 1981
Schutting, Julian: Ärmstes aller Wiener Denkmäler! In: Richard Reichensperger (Hrsg.), Vorfreude Wien. Literarische Warnungen 1945-1995. S. Fischer Verlag Frankfurt am Main 1995
Schutting, Julian: Dichterlesung im Tiergarten. In: Sistiana. Erzählungen. Residenz Verlag, Salzburg/Wien 1976
Schutting, Julian: Die Mediceische Venus. In: Das Herz eines Löwen. Betrachtungen. © Residenz Verlag, Salzburg 1985
Schwarzenbach, Annemarie: Massenverhaftungen im österreichischen Offizierskorps. Nationalsozialismus ohne Maske. In: Auf der Schattenseite. Ausgewählte Reportagen, Feuilletons und Fotografien 1933-1942. Herausgegeben von Regina Dieterle und Roger Perret. Lenos Verlag, Basel 1990
Sebald, W. G.: Schwindel. Gefühle. S. Fischer Verlag, Frankfurt am Main 1994
Simon, Anne-Catherine: Schnitzlers Wien. Pichler Verlag, Wien 2002

Sobol, Joshua: Weiningers Nacht. Herausgegeben von Paulus Manker. Ins Deutsche übertragen von Ingrid Rencher. Europa-Verlag, Wien 1988

Skácel, Jan: Kleine Rezension über Tauben. In: Das elfte weiße Pferd. Aus dem Tschechischen von Christa Rothmeier. © 1993 by Wieser Verlag, Klagenfurt/Celovec

Sperber, Manès: Die Wasserträger Gottes. Europaverlag, Wien 1974

Spiel, Hilde: Fanny von Arnstein oder Die Emanzipation. Ein Frauenleben an der Zeitenwende 1758-1818. S. Fischer Verlag, Frankfurt am Main 1962

Stifter, Adalbert: Gesammelte Werke. Band 6: Kleine Schriften. Insel Verlag Frankfurt am Main 1959

Streeruwitz, Marlene: Jessica, 30. © S. Fischer Verlag GmbH, Frankfurt am Main 2004

Varnhagen von Ense, Karl August: Ausgewählte Schriften XVII. Leipzig 1875

Varnhagen, Rahel: Briefe und Aufzeichnungen. Herausgegeben von Dieter Bähtz. Insel Verlag Frankfurt am Main 1986

Viertel, Berthold: Schriften zum Theater. Herausgegeben von Gert Heidenreich. Kösel Verlag, München 1970

Viertel, Berthold: Kindheit eines Cherub. Studienausgabe. Band 2. Verlag für Gesellschaftskritik, Wien 1991

Waldinger, Ernst: Ich kann mit meinem Menschenbruder sprechen. Gedichte. Bergland Verlag, Wien 1965

Walser, Robert: Spazieren. In: Das Gesamtwerk in zwölf Bänden. Herausgegeben von Jochen Greven. Band II: Kleine Dichtungen. Prosastücke und kleine Prosa. Suhrkamp Verlag Frankfurt am Main 1978

Walther von der Vogelweide: Der hof ze Wiene. In: Deutsche Lyrik des frühen und hohen Mittelalters. Herausgegeben von Ingrid Kasten. Übertragen von Margherita Kuhn. Deutscher Klassiker Verlag Frankfurt am Main 2005

Weinzierl, Ulrich: Arthur Schnitzler. Leben Träumen Sterben. S. Fischer Verlag Frankfurt am Main 1994

Werfel, Franz: Barbara oder Die Frömmigkeit. © S. Fischer Verlag GmbH, Frankfurt am Main 1996

Werfel, Franz: Der gute Ort zu Wien. In: Gesammelte Werke. Ge-

dichte aus den Jahren 1908-1945. Herausgegeben von Knut Beck. © S. Fischer Verlag GmbH, Frankfurt am Main 1996
Wolfsgruber, Linda/Hell, Bodo: Yppenplatz 4356 m². Bibliothek der Provinz, Weitra 2005
Zimmer-von Hofmannsthal, Christiane: Tagebücher und Briefe des Vaters an die Tochter. © S. Fischer Verlag GmbH, Frankfurt am Main 1991
Zweig, Stefan: Phantastische Nacht. Vier Erzählungen. © S. Fischer Verlag GmbH, Frankfurt am Main 1980
Zweig, Stefan: Die Welt von Gestern. Erinnerungen eines Europäers. © S. Fischer Verlag GmbH, Frankfurt am Main 1997

Bildnachweise

Bilderberg, Hamburg: 48/49, 53 (Fotos: Berthold Steinhilber)
Corbis, Düsseldorf: 84 (Foto: Massimo Listri)
Getty Images, München: 140/141 (Foto: David Noton), 192/193 (Foto: Peter Timmermans)
Historisches Museum der Stadt Wien: 43, 184
Imagno, Wien: 183 (Foto: Franz Hubmann)
Volker König, Wiesbaden: 4, 12, 16, 20, 24, 28, 32, 36, 41, 68, 72, 77, 80, 92, 97, 100, 104, 116, 152, 164, 216, 220, 256
Laif, Köln: 249 (Foto: Hahn)
Mauritius Images, Frankfurt am Main: 176 (Foto: Jan Halaska), 240
Umschlagfoto: Dorian Weber/mauritius images

Alle übrigen Abbildungen stammen aus dem Archiv des Insel Verlags.

Literarische Reisebegleiter im insel taschenbuch Eine Auswahl

Städte

Athen. Literarische Spaziergänge. Herausgegeben von Paul Ludwig Völzing. Mit farbigen Fotografien. it 2505. 336 Seiten

Bayreuth. Ein literarisches Porträt. Herausgegeben von Frank Piontek und Joachim Schultz. Mit zahlreichen Abbildungen. it 1830. 208 Seiten

Mit Brecht durch Berlin. Ein literarischer Reiseführer. Von Michael Bienert. Mit zahlreichen Fotografien. it 2169. 271 Seiten

Literarischer Führer Berlin. Von Fred Oberhauser und Nicole Henneberg. Mit zahlreichen Abbildungen, Karten und Registern. it 2177. 517 Seiten

Bremen. Literarische Spaziergänge. Von Johann-Günther König. Mit farbigen Fotografien. it 2621. 272 Seiten

Budapest. Ein literarisches Porträt. Herausgegeben von Wilhelm Droste, Susanne Scherrer und Kristin Schwamm. Mit zahlreichen Fotografien. it 1801. 283 Seiten

Chicago. Porträt einer Stadt. Herausgegeben von Johann Norbert Schmidt und Hans Peter Rodenberg. Mit farbigen Fotografien. it 3032. 330 Seiten

NF 31/1/3.05

Dresden. Ein Reisebuch. Herausgegeben von Katrin Nitzschke unter Mitarbeit von Reinhardt Eigenwill. Mit zahlreichen Abbildungen. it 1365. 294 Seiten

Dublin. Ein Reisebegleiter. Von Hans-Christian Oeser. Mit farbigen Fotografien. it 3114. 220 Seiten

Frankfurt. Acht literarische Spaziergänge. Von Siegfried Diehl. Mit farbigen Fotografien. it 2197. 190 Seiten

Mein Frankfurt. Von Martin Mosebach. Ausgewählt und mit einem Nachwort von Rainer Weiss. Mit Fotografien von Barbara Klemm. it 2871. 176 Seiten

Granada. Ein literarisches Porträt. Herausgegeben von Nina Koidl. Mit farbigen Fotografien. it 2635. 243 Seiten

Hamburg. Ein Städte-Lesebuch. Herausgegeben von Eckhart Kleßmann. Mit zahlreichen Abbildungen. it 1312. 305 Seiten

Heidelberg-Lesebuch. Stadt-Bilder von 1800 bis heute. Herausgegeben von Michael Buselmeier. it 913. 385 Seiten

Istanbul. Ein Reisebegleiter. Von Barbara Yurtdas. Mit farbigen Fotografien. it 3026. 313 Seiten

Der Kölner Dom. Ein literarischer Führer. Herausgegeben von Markus Klein. Mit zahlreichen Abbildungen. it 2226. 149 Seiten

Leipzig. Literarische Spaziergänge. Herausgegeben von Werner Marx. Mit farbigen Fotografien. it 2710. 222 Seiten

Lissabon. Ein Städte-Lesebuch. Herausgegeben von Ellen Heinemann. it 2106. 390 Seiten

NF 31/2/3.05

London. Literarische Spaziergänge. Herausgegeben von Harald Raykowski. it 2554. 272 Seiten

Wolfgang Koeppen. Muß man München nicht lieben? it 2712. 160 Seiten

New York. Literarische Spaziergänge. Von Herbert Genzmer. Mit farbigen Fotografien. it 2883. 160 Seiten

Paris. Literarische Spaziergänge. Von Uwe Schultz. Mit farbigen Fotographien. it 2884. 272 Seiten.

Mit Proust durch Paris. Von Rainer Moritz. Mit zahlreichen Fotografien. it 2992. 160 Seiten.

Potsdam. Literarische Spaziergänge. Von Jochen R. Klicker. Mit farbigen Fotografien. it 2926. 416 Seiten

Rom. Ein literarisches Porträt. Herausgegeben von Michael Worbs. Mit farbigen Fotografien. it 2298. 320 Seiten

Mit Marie Luise Kaschnitz durch Rom. Herausgegeben von Iris Schnebel-Kaschnitz und Michael Marschall von Bieberstein. Mit Fotografien von Mario Clementi. it 2607. 196 Seiten

St. Petersburg. Literarische Spaziergänge. Von Ingrid Schalthöfer. Mit farbigen Fotografien. it 2833. 240 Seiten

Trier. Deutschlands älteste Stadt. Reisebuch. Herausgegeben von Michael Schroeder. Mit Fotografien von Konstantin Schroeder. it 1574. 260 Seiten

Tübingen. Ein literarischer Spaziergang. Herausgegeben von Gert Ueding. Mit zahlreichen Abbildungen. it 1246. 384 Seiten

NF 31/3/3.05

Venedig. Ein Reisebegleiter. Herausgegeben von Doris und Arnold E. Maurer. Mit zahlreichen Fotografien. it 3110. 190 Seiten

Weimar. Ein Reisebegleiter. Von Annette Seemann. Mit farbigen Fotografien. it 3066. 300 Seiten

Wiener Adressen. Ein kulturhistorischer Wegweiser mit Straßenplänen und Fotos von Dietmar Grieser. it 1203. 217 Seiten

Das Wiener Kaffeehaus. Mit zahlreichen Abbildungen und Hinweisen auf Wiener Kaffeehäuser. Herausgegeben von Kurt-Jürgen Heering. it 1318. 318 Seiten

NF 31/4/3.05